역사적
예수와 바울

하나님나라 선포에서 그리스도 선포로

김창선 지음

쿰란출판사

머리말

　이 책은 그리스도교에서 가장 중요한 두 역사적 인물인 나사렛 예수와 바울에 대해 다루려 한다. 이 두 인물 없이는 그리스도교의 탄생과 발전을 생각할 수 없을 것이다. 나사렛 예수가 선포한 '하나님나라의 메시지'와, 열정적인 선교사 사도 바울이 선포한 '예수 그리스도에 관한 복음'이야말로 그리스도교 신학의 토대와 근거를 이룬다고 말할 수 있기 때문이다.

　불교가 지금의 네팔과 인도의 국경 부근에 자리 잡은 한 작은 부족을 다스리던 성주의 아들인 '고타마 싯다르타'라는 역사적 인물에게서 비롯된 종교이지만, 싯다르타라는 인물의 역사성이 불교 신앙의 관점에서 그리 중요하지 않을 수 있다. 불교의 진리는 본질적으로 어떤 역사적 인물에 매여 있지 않고, 존재의 구성요소인 '불법'(佛法, dharma) 혹은 부처의 본성인 '불성'(佛性, buddha dhatu)에 근거하는 종교이기 때문이다.

　이와 달리 그리스도교는 역사적 인물인 나사렛 예수와 결코 분리할 수 없다. 만일 나사렛 예수와 분리될 경우, 그리스도교는 영지주의에 함몰되고 말 것이다. 그리스도교를 나사렛 예수와 분리할 수 없는 이유는 분명하다. 그리스도교는 나사렛 예수와 관련된 '사건'에 토대를 둔 종교이기 때문이다. 다시 말하면 그리스도교는 '십자가와 부활'이라는 '예수 사건'에서 비롯된 종교이고, 그리스도교가 선포하는 진리는 역사적으로 일어난 예수 사건을 그 핵으로 삼고 있기 때문이다. 따라서 나사렛 예수가 빠진 그리스도교는 상상하기 어렵다!

  우리나라 불교는 주로 중국에서 본격적으로 발전한 대승불교가 중심을 이루고 있고 그 가운데도 선불교가 지배적이다. 따라서 인도에서 발생한 초기 불교 시대의 관심사인 역사적 부처, 즉 고타마 싯다르타의 말씀에 대한 관심은 상대적으로 저조하다. 그보다는 오히려 "부처란 무엇인가?"에 대한 본질적인 질문에 집중했고, 따라서 역사적 부처를 향한 관심이 적을 수밖에 없었다.
  불교가 중국을 통해 고구려 시대에 우리나라로 처음 전래되고, 1,600여 년이 지나 현재에 와서야 비로소 고타마 싯다르타와 초기 불교에 대한 역사적 관심이 한국 불교계에 본격적으로 일어나고 있는 것 같다. 그 결과 대승경전에 쏠려 있던 일방적인 관심이 점차 고타마 싯다르타의 생생한 음성을 비교적 잘 보존한 것으로 간주되는 초기 경전으로도 향하고 있다. 대표적으로 북전 아함경 계통의 경전들이나 남전 "니까야"에 대한 관심이 커가고 있다. 그리고 그에 걸맞게 방대한 규모의 초기 경전들이 속속 우리말로 번역되고 있고 그에 대한 개론서들도 적지 않다.

　서구 그리스도교계가 나사렛 예수와 초창기 교회의 역사적 실상에 대해 본격적으로 관심을 보이게 된 것은 계몽주의 및 합리주의가 시대정신으로 확고하게 자리 잡은 대략 18세기 이후의 일이다. 한국 신학교들은 역사적 예수와 초기 교회의 실제 역사에 대해 많이 가르치고 있는 편이지만, 일반 교인들은 그런 주제에 대해 여전히 별로 관심이 없어 보인다. 거의 2천 년에 해당하는 서구 그리스도교의 장구한 역사와 달리, 그리스도교 복음이 우리나라에 본격적으로 전래된 역사는 상대적으로 길지 않았기 때문에, 그리스도교에 대한 우리의 관심의 폭이 아직은 그리 넓지 않은 것 같다.

　더구나 주로 미국에서 온 보수적 신앙을 가진 선교사들의 영향으로 인해 한국교회의 신앙 풍토는 전반적으로 보수적이다. 그로 인해 초기 교회의 역사적 발전상에 대한 지적인 관심보다는 신앙과 경건을 주제로 한 실천적 관심이 여전히 지배적이다. 그러나 이 책은 경건서적 부류에 속하는 책은 아니고, 역사적 인물인 나사렛 예수 및 바울과 관련된 우리의 지적인 호기심에 답하기 위한 작업에 해당한다.

　많은 이들이 오늘의 한국교회는 커다란 위기에 처해 있다고 말한다. 1970-1980년대의 놀라운 부흥의 시대를 정점으로 한국교회는 점차 내리막길을 걸어왔고, 현재는 교회에 대한 사회의 부정적 이미지 및 청년층의 교회 이탈과 인구 감소 등의 이유로 해마다 교인 수가 눈에 띄게 줄어들고 있는 형편이다. 이와 같은 위기 상황에 직면하여 그리스도교 탄생의 근원에 대해 살펴보는 것은 중요한 일이라고 생각된다. 이를 통해 그리스도교의 본질에 대한 우리의 이해를 새롭게 할 수 있고, 그 토대 위에서 현재 흔들리고 있는 한국교회의 회복을 기대해 볼 수 있기 때문이다.

이 책은 그리스도교 탄생의 토대와 근거가 되는 나사렛 예수와 더불어, 그리스도교 신학의 설립자로 불리는 바울에게 초점을 맞추려 한다. 하지만 이 두 인물의 생애 전체를 세밀하게 탐구하려는 의도는 없고, 단지 이들이 선포한 핵심 메시지 및 그와 관련된 삶의 몇몇 중요한 여정에 집중하려고 한다. 이를 통해 두 역사적 인물이 어떤 정체성의 소유자였으며, 이들이 선포한 중심 메시지의 신학적 의미를 신학도와 일반인에게 종합적으로 소개하고자 한다.

이 책의 후반부(VI)에서는 많은 이들의 궁금증을 자아낼 뿐만 아니라 신약학의 중심주제에 속하는 예수와 바울 사이의 관계에 대해서도 다룬다. 이것은 예수는 '하나님나라'를 핵심 메시지로 선포했는데, 바울은 어찌하여 하나님나라가 아니라 '예수 그리스도'를 선포하게 되었는지를 밝히려는 질문이다.

이 책에서 거론되는 대다수 내용은 학문적인 연구 결과를 토대로 한 것이다. 신학자들의 연구 결과는 상당 부분 일반인에게 낯선 내용일 수 있다. 따라서 신학을 전공하지 않은 사람의 시각에서 보면 수용하기 어려운 내용도 있을 수 있다. 그러나 그런 내용 역시 서구 신학계에서 이미 오랜 논의를 거쳐 나온 것임을 이해할 필요가 있다. 신학이란 학문은 절대적 진리를 이성의 논리로 입증하는 작업이 아니다. 절대적 진리는 인간적 탐구의 대상이 될 수 없고, 다만 고백의 대상일 뿐이다.

그리스도교가 선포하는 절대적 진리는 요한복음의 예를 따르면 '길과 진리와 생명이신 예수 그리스도'(요 14:6)이다. 학문적 연구를 통해 우리는 나사렛 예수가 '길과 진리와 생명'임을 결코 입증할 수 없다. 절대적 진리는 오직 하나님의 계시를 통해 믿음 가운데 우리에게 선사되는 것이지, 우리 인간이 입증할 수 있는 문제가 아니기 때문이다.

신학은 여타 다른 학문과 유사하게 고유한 학문적 전제 위에서 해당 전문분야를 탐구함으로써 사람들이 제기하는 질문에 답하려고 노력하며, 이를 통해 우리의 신학적 이해를 확장시키는 작업의 일환이다. 이런 의미에서 이 책에서 다루는 내용 가운데 일부 내용이 상당히 도전적으로 들릴지라도 널리 이해해 주기를 미리 부탁드린다.

 또한 이 책의 이곳저곳에 독자들을 향한 필자의 권면도 일부 담겨 있다. 이는 이 책의 내용을 가지고 신앙공동체에서 강의한 적이 있기에 생겨난 현상인데, 이 책을 접하게 될 신앙인을 고려하여 그대로 남겨 두었다.

2021년 5월
저자 김창선

차례

머리말_ 2

I. 나사렛 예수와 하나님나라

1. 역사적 예수 탐구가 중요한 이유_ 12
2. 세례 요한 – 나사렛 예수의 길을 위한 예비자?_ 19
3. 나사렛 예수 – 하나님나라 선포자_ 29
4. 예수가 세례 요한과 갈라선 이유_ 58
5. 예수의 메시아적 자의식 문제_ 65

II. 유대교 예배에 대한 예수의 태도

1. 예수와 유대교 사이의 관계_ 75
2. 예수 당시 유대교 종파들이 추구한 경건성_ 77
3. 예수의 근본적 태도 – 예속과 자유_ 86
4. 유대교 예배에 대한 예수의 입장은?_ 89
5. 예수가 추구한 새로운 예배의 기초_ 100

III. 예수의 성전 항쟁과 십자가 죽음

1. 예수가 자기의 죽음을 예상하지 못했다고?_ 113
2. 성전 멸망에 관한 예수의 예언_ 118
3. 예수의 성전 항쟁 – 제의비판적 예언자적 상징 행위_ 120

IV. 바울 - 유대교 근본주의자에서 그리스도의 사도로

1. 디아스포라 출신의 유대교 근본주의자였던 바울_ 129
2. 바울이 행한 그리스도인 박해의 실상은?_ 136

3. 다메섹 체험 – 바울의 삶과 신학의 중심_ **147**
4. 사도적 정체성에 담긴 바울의 자기이해_ **154**

V. 바울신학의 중심 - "새 관점"의 주장은 얼마나 새롭고 타당한가?

1. 루터가 발견한 칭의론과 그 중요성_ **161**
2. 칭의론에 대한 도전_ **166**
3. 칭의론 – 바울의 신학적 공헌_ **177**
4. 칭의론을 대체하는 바울신학의 중심?_ **182**
5. 종교개혁적 입장과 새 관점을 조화시키려는 시도_ **188**

VI. 바울과 예수의 관계 - 바울은 예수를 배반했나?

1. 예수와 바울에 대한 학계의 평가_ **195**
2. 바울서신에 나오는 "주님의 말씀"_ **202**
3. 바울신학의 중심과 예수선포의 중심에서 바라본 비교_ **207**
4. 바울이 예수 전승에 대해 침묵한 이유는?_ **213**

VII. 예수와 바울, 그리고 사도적 신앙고백

1. 바울 이전 시대부터 유래한 사도적 전승_ **222**
2. 최초 신앙공동체의 믿음 이해에 나타나는 특징_ **229**
3. 사도신경의 중요성_ **234**

참고문헌_ **237**

I.

나사렛 예수와 하나님나라

1. 역사적 예수 탐구가 중요한 이유

우리의 관심사인 '나사렛 예수'로 직행하기에 앞서 한 가지 중요한 질문에 대해 미리 언급할 필요가 있다. 그것은 갈릴리에서 활동했던 나사렛 예수의 선포를 '초기 그리스도교'[1] 신학에 포함시키는 것이 타당한지를 둘러싼 질문이다. 이 질문을 둘러싼 신학자들의 논쟁을 통해 우리는 역사적 예수에 대한 탐구가 왜 중요한지를 배울 수 있다. 이 질문은 20세기 최고의 신약학자로 통하는 루돌프 불트만(Rudolf Bultmann, 1884-1976)이 제기한 것이다.

루돌프 불트만

그는 1948년부터 낱권으로 출간되기 시작하여 나중에 단행본으로 완성된 신약학의 고전 『신약성서신학』에서 역사적 예수는 신약신학의 전제에 속할 뿐이지 신

---

1) '초기 그리스도교'(Early Christianity)는 그 해당 시기를 정확히 확정 지어 말하기 어렵다. 대체로 신약성경의 각 책들이 모두 기록된 시점까지의 그리스도교로 간주한다. 대략 2세기 중엽까지의 그리스도교가 여기에 해당한다.

약신학의 대상이 될 수 없다고 단언했다.[2]

이런 입장을 표방했음에도 불트만은 이미 1926년에 『예수』라는 단행본을 집필했다.[3] 여기에서 그는 "우리는 예수의 생애에 대해 아는 바가 거의 없다"라고 말했다. 그런데 흔히 불트만의 이 말을 인용하면서, 그가 예수에 관해 전혀 알 수 없다는 식으로 말했다는 주장은 사실과 다르다. 왜냐하면 불트만은 예수의 가르침에 따라서 그의 의도와 사역에 관해 만족할 만한 명백한 표상을 얻을 수 있다는 사실을 결단코 의심하지 않았기 때문이다.

이 책에서 불트만은 역사적 예수의 생애 전체를 구축하려 들지 않았다. '예수의 생애'가 아니라 '예수의 선포'라는 개념을 그가 강조하여 사용하고 있다는 사실에 유의할 필요가 있다. 이 개념을 통해 자신의 단행본 『예수』를 집필할 수 있었다.

불트만은 "신앙이 이해하려는 세계는 학문적 인식의 도움을 가지고서는 도무지 파악할 수 없다"라고 확신했다.[4] 또한 자기의 단행본 『예수』에서 묘사하고 있는 예수의 선포를 경건의 근거로서의 그리스도교적 선포와 동일한 것으로 생각하지 않았다. 그는 예수의 선포를 역사적인 현상으로 이해했을 뿐이지, 그리스도교의 케리그마(=복음선포)로 이해하지 않았기 때문이다. 따라서 예수의 선포는 단지 "상당한 정도의 가능성 위에서" 그의 이름으로 전해 내려왔으며, 예수는 역사비평적으로 확인할 수 있는 진술의 담지자라는 사실을 불트

---

2) R. Bultmann, *Theologie des Neuen Testaments* (Tübingen, 1980). 허혁 역, 『신약성서신학』 (성광문화사, 1997).
3) R. Bultmann, *Jesus* (Tübingen, 1926). 우리말 번역: "루돌프 불트만의 예수", in: 『학문과 실존 IV』, 한국신약성서 연구모임 편 (성광문화사, 1987), 233-385.
4) R. Bultmann, "Die liberale Theologie und die jüngste theologische Bewegung", in: *ThBl* 3 (1924), 73-86, 이곳 75.

1. 역사적 예수 탐구가 중요한 이유

만 역시 인정했다.

역사적 예수의 선포와 초기 교회의 케리그마 선포를 구분하는 불트만의 입장에 반기를 든 것은 그의 제자 에른스트 케제만(Ernst Käsemann, 1906-1998)이었다. 불트만이 "예수의 선포와 그것이 반영된 공동체의 케리그마가 사실상 서로 얽혀 있는 원시 그리스도교 선포의 최초 전승 층에 대해서만" 물었을 뿐이라고 비판했다.[5]

에른스트 케제만

이러한 케제만의 비판은 사실상 정당하지 않다. 불트만 자신은 단행본 『예수』에서 예수의 신뢰할 만한 선포를 본질적으로 파악했다고 확신했기 때문이다. 불트만은 20세기 초엽에 유행하던 '자유주의 신학'(Liberale Theologie)이 시도한 것과 같이 예수의 생애와 인격을 재구성할 수 있다는 낙관론에 대해 반대한 사람이었다.[6] 예수의 생애를 구축하려는 자유주의 신학은 무엇보다도 '예수의 인격'을 중시했는데, 이와 달리 불트만은 예수의 인격이 아니라 '예수의 선포'를, 즉 예수의 가르침을 강조했다.

불트만에 따르면 자유주의 신학에서 나온 예수 표상은 신적인 것을 직접 지상적인 것에서, 예컨대 문화나 철학 혹은 종교나 다른 위인들의 현현에서 볼 수 있다고 생각한 관점을 표현했기 때문이다.

---

5) E. Käsemann, "Das Problem des historischen Jesus", in: *ZThK* 51 (1954), 125-153, 138.
6) 우리나라 교계에 불트만이 '자유주의 신학'의 대표자로 알려져 있는데, 이는 사실과 다르다. 그는 칼 바르트 등과 함께 19세기 말과 20세기 초에 유행하던 자유주의 신학에 반대했다.

자유주의 신학이 구축한 예수 표상을 비판한 불트만의 입장은 19세기에 유행했던 이른바 "예수의 생애 연구"(Leben-Jesu-Forschung)를 통해 드러난 서로 모순되는 예수 표상들로 말미암은 것이다.[7] 불트만은 19세기에 수많은 저자들이 제시한 다양한 예수 표상들은 결국 저자들 자신의 세계관이나 이상에서 나온 것이지, 순수한 역사적 예수의 모습과는 거리가 멀다고 확신했다.

당시 조직신학자 마르틴 켈러(Martin Kähler, 1835-1912)는 "예수의 생애 연구"가 제시한 혼란스러운 연구 결과를 바라보면서, "이른바 역사적 예수"(der sogenannte historische Jesus)와 다른 한편으로 "역사의 미적이며 성경적인 그리스도"(der geschichtliche, biblische Christus)를 구분하고자 했다.[8]

나사렛 예수와 다른 한편 교회가 선포하는 구세주 그리스도를 구분하는 가운데, 켈러는 복음서가 묘사하는 형태로서만 예수 그리스도를 파악할 수 있지, 학자들이 구축해낸 역사적 예수 표상을 가지고는 파악할 수 없다고 주장했다. 켈러나 불트만에 따르면 신앙은 결코 불확실한 역사적 추측 위에 세워질 수는 없기 때문이다.

마르틴 켈러

---

7) "예수의 생애 연구"에 대해서는 슈바이처의 저서를 참조하시오: A. Schweitzer, *Geschichte der Leben-Jesu-Forschung* (Tübingen: Mohr, 1951). 허혁 역, 『예수의 생애 연구사』 (대한기독교출판사, 1995). 이 책에서 슈바이처는 이전 시대에 이루어진 역사적 예수 연구는 총체적으로 저자들의 선입견에 의해 채색된 것임을 밝히면서 예수의 생애 연구의 종말을 고했다.

8) M. Kähler, *Der sogenannte historische Jesus und der geschichtliche, biblische Christus* (München, 1961; 1892), 49.

1. 역사적 예수 탐구가 중요한 이유

불트만의 입장에 정면으로 반박하고 나선 사람은 신약학자 요아킴 예레미아스(Joachim Jeremias, 1900-1979)였다. 그는 불트만의 입장이 지닌 긍정적인 면, 즉 케리그마(복음선포)의 중요성을 부각시킨 점을 인정할 수 있었다. 그러나 불트만의 입장을 따른다는 것은 "말씀이 육신이 되었다"(요 1:14)는 사실을 포기하는 것과 다름이 없다고 여겼다. 그는 불트만의 입장이 나사렛 예수 가운데 활동하신 하나님의 구원사를 해체시키고, 결국 가현설('Christusidee'=그리스도 이념)에 접근하는 것이라고 비판했다.

요아킴 예레미아스

그리하여 불트만과 달리 예레미아스는 "역사적 예수 문제를 둘러싼 현재의 논쟁 상황"이란 논문에서 역사적 예수에 대한 질문의 필요성을 다음과 같이 역설했다.[9]

첫째, "복음서에 나오는 각각의 절이 우리에게 증언하는 것은, 그리스도교의 근원은 케리그마가 아니고, 제자들의 부활 체험도 아니고, 그리스도 이념(Idee)도 아니고, 다름 아닌 본디오 빌라도에 의해 십자가에 못 박힌 인간 나사렛 예수의 등장, 그리고 그의 선포에 있다." 한마디로 예수의 선포는 초기 그리스도교의 선포보다 선행했음을 강조하는 가운데, 비록 예수의 전기(biography)는 불확실할지라도 그의 선포는 확실하다고 말했다. 자료가 부족하다는 이유로 역사적 작업을 포기해서는 안 된다는 입장이다.

---

9) 예레미아스는 자신의 논문 "Der gegenwärtige Stand der Debatte um das Problem des historischen Jesus", in: H. Ristow/K. Matthie(eds.), *Der historische Jesus und der kerygmatische Christus* (Berlin, 1960), 12-25에서 불트만을 비판했다.

둘째, 초기 교회가 전해준 '케리그마' 자체가 역사적 예수에 대한 질문의 필요성을 제기한다고 보았다. 케리그마 자체가 역사적 사건에 의지하고 있으며, 하나님은 하나의 역사적인 사건 가운데 자신을 계시하셨기 때문이다. 초기 교회는, 하나님께서 그리스도 안에 계셨고 세상과 화해하셨다는 케리그마에 만족하지 않고, 예수의 사역과 그의 죽음, 부활에 대한 이야기체의 가르침으로 케리그마를 보충했다. 즉 사복음서를 집필했다. "우리의 죄를 위하여 성서에 따라 돌아가셨다"는 케리그마의 핵심 진술은 다름 아닌 역사적 사건에 대한 해석이다. 이러한 시각에서 예레미아스는, 성서뿐만 아니라 케리그마 자체가 역사적 예수에 대한 질문을 요청한다면서 다음과 같이 결론지었다.

> "교회의 선포는 신약성서의 증거에 따르면, 계시가 아니라, 계시로 이끈다. 바로 예수가 주님이시다. 주님은 사자보다 위에 있다. 신앙을 위한 권위란 퀴리오스(=주님) 저편에 존재하지 않는다. 따라서 역사적 예수는 케리그마를 위한 여러 전제 가운데 하나의 전제가 아니라, 케리그마의 유일한 전제이다. 의심의 여지 없이 부름이 대답의 전제가 되듯이, 계시는 계시의 증거를 위한 전제이다. 인자 자신과 그의 말씀만이 선포에 전권을 부여할 수 있지, 다른 누구도 또한 다른 어떠한 것도 그것을 줄 수 없다."

■ 필자 역시 이러한 예레미아스의 입장에 전적으로 공감하고 있음을 밝히면서, 이제 이 책의 중심 주제로 서서히 다가가고자 한다. 우리의 관심사인 나사렛 예수로 곧장 들어가기에 앞서, 예수보다 먼저 활동했으며 예수에게 많은 영향을 끼친 세례 요한에 대해 살펴볼 필요가 있다. 예수는 이스라엘의 역사상 어느 인물보다도 자기

자신을 세례 요한과 긴밀하게 연결 지었다. 따라서 세례 요한에 대한 이해는 예수에 대한 이해로 나아가는 데 여러모로 도움을 줄 수 있기 때문이다.

그러므로 나사렛 예수를 역사적 문맥에서 이해하려는 사람은 세례 요한에 대한 이해를 지나쳐 가서는 안 될 것이다. 실상 세례 요한 자체만으로도 상당히 흥미롭고도 중요한 주제가 아닐 수 없다. 그러나 안타깝게도 요한의 실상을 우리에게 전해주는 자료가 너무도 빈약하여, 그에 대한 정확한 역사적인 모습을 복원하는 일에 한계가 있다. 복음서가 전하는 요한에 대한 표상은 상당히 그리스도교적 신앙에 의해 채색된 것이라서 액면 그대로 역사적 사실로 보면 곤란하다. 그럼에도 그런 보도의 행간에서 역사적 실상에 부합하는 모습을 일정 부분 읽어낼 수 있다. 세례 요한의 중요성을 일찍이 간파한 서구 신학계의 경우, '역사적 예수'에 대한 관심이 증대함에 비례하여 '역사적 요한'에 대한 관심도 날로 자라나고 있다.[10]

---

10) R. Schütz, *Johannes der Täufer* (Zürich, 1967); J. Becker, *Johannes der Täufer und Jesus von Nazaret* (Neukirchen-Vluyn, 1972); O. Böcher, "Johannes der Täufer", *TRE 17* (1988), 172-181; M. Dibelius, *Die urchristliche Überlieferung von Johannes dem Täufer* (Göttingen, 1911); J. Murphy-O'Conner, "John the Baptist and Jesus: History and Hypotheses", in: *NTS 36* (1990), 359-374; M. Tilly, *Johannes der Täufer und die Biographie der Propheten* (Stuttgart, 1994); P. Vielhauer, "Johannes der Täufer", *RGG 3* (1959), 804-808; U. B. Müller, *Johannes der Täufer* (Leipzig, 2002); G. Theiβen: "Gerichtsverzögerung und Heilsverkündigung bei Johannes dem Täufer und Jesus", in: G. Theiβen/A. Merz(eds.), *Jesus als historische Gestalt* (Göttingen, 2003); J. Ernst, *Johannes der Täufer – der Lehrer Jesu?* (Basel, 1994); J. Ernst, *Johannes der Täufer: Interpretation – Geschichte - Wirkungsgeschichte* (Berlin, 2013); Ch. Croll, *John The Baptist: A Biography* (Malcolm Down, 2019).

2.
세례 요한
– 나사렛 예수의 길을 위한 예비자?

1) 세례 요한은 누구인가?

세례 요한은 이스라엘을 향해 종말이 임박했음을 알렸으며, 세례를 통한 종말론적 회개운동을 일으킨 자로 유명하다.[11] 그는 회개를 촉구한 구약의 위대한 예언자 반열에 속하는 자였다. 심지어 예수도 요한을 가리켜 "여자가 낳은 자 중에 요한보다 큰 자가 없도다"(눅 7:24-28a) 하면서 극찬했다.

세례 요한의 중요성과 위상을 강조하는 이러한 예수의 진술은 초기 교회가 지어낸 말이 아니라 실제 역사적 예수에게서 비롯되었을 것이다. 요한의 이름을 거론하면 곧장 '세례'라는 단어와 함께 '세례 요한'이란 이름이 떠오른다. 그의 세례는 이스라엘 역사상 전무후무한 놀라운 행위였다. 죄의 용서를 위해 성전에서 드리던 속죄제물을 사실상 대체한 것과 다름없기 때문이다. 바로 이것이 요한의 세례에

---

11) 이 장에서 다루는 세례 요한 및 예수와 관련하여, 필자의 졸저 『역사적 성서해석과 신학적 성서해석』(교육과학사, 2016), 195-213을 참조했다.

담긴 가장 놀라운 특징이다. 그러므로 요한의 세례는 단지 종교적 제의에 머물지 않고 성례전의 성격을 띠었다고 말할 수 있다.

세례 요한의 출생에 관한 복음서 전승(눅 1:5-25, 57-66)은 한 영웅의 위대함을 묘사하는 전설에 속한다. 비록 우리가 요한의 생애에 대한 확실한 정보를 알 수 없다 할지라도, 이 전설 가운데 요한에 대한 역사적 흔적이 스며들었을 가능성이 충분하다.

누가복음 1장 5절에 따르면 요한의 어머니 엘리사벳은 첫 번째 대제사장인 아론의 자손이다. 출애굽기 6장 23절에 동일한 이름을 가진 아론의 아내(엘리세바)가 언급된다. 또한 요한의 아버지 사가랴는 '아비야 반열'(대상 24:10)의 예루살렘 성전을 섬기는 제사장으로 나온다. 제사장 무리는 모두 24등급으로 나뉘는데, 아비야 반열은 8번째 반열로서 평범한 제사장 반열에 속한다. 사가랴는 일 년에 일주일씩 두 번 성전을 섬기고, 다른 기간에는 예루살렘 밖 유다 산골 지방에서 살았다고 한다(눅 1:23, 39).

이렇게 보면 요한은 평범한 제사장 가문 출신이다. 이는 역사적 사실일 것이다. 제사장 가문 출신의 한 사람이 죄의 용서를 위한 세례를 베푼 것은 예루살렘 성전에 뿌리를 내린 속죄제의나 정결제의에 대한 단절을 의도적으로 감행한 것이다. 제사장으로서의 요한의 출신 배경이 세례행위 때 그가 적극적인 역할을 행한 결정적인 자질이 되었음이 분명하다. 그 자질을 통해 요한은 하나님이 세우신 제의적 중개자로서 세례자가 되었으며, 그가 베푼 세례는 성례전이 되었다.[12]

---

12) H. Stegemann, *Die Essener, Qumran, Johannes der Täufer und Jesus* (Freibur/Basel/Wien, 1999), 304.

세례 요한은 로마 황제 티베리우스가 통치한 지 15년째 해인 기원후 28년에 활동하기 시작했다가(눅 3:1) 머지않아 처형되었다. 그리고 요한이 이스라엘 백성 앞에 등장할 때까지 광야에서 살았다는 누가의 정보인 "아이가 자라며 심령이 강하여지며 이스라엘에게 나타나는 날까지 빈 들에 있으니라"(눅 1:80)는 아마도 복음서 저자의 편집에서 나온 말로 보인다. 다른 자료를 발견하지 못한 복음서 저자는, 세례자가 처음으로 등장하는 장소인 광야에서(막 1:4; 눅 3:2) 그가 줄곧 살았던 것으로 묘사한다. 마가복음 1장 6절에 "낙타털 옷을 입고 허리에 가죽 띠를 띠고 메뚜기와 석청을 먹더라"는 보도가 나온다. 이는 세례 장소인 광야와 잘 어울리는 묘사이다. 아랍 광야에 거주하는 베두인의 의복과 식량이 그러하다.

이 보도는 특정 지역의 토속적인 특성을 드러내기보다는 상징적인 의미를 나타낸다. 광야에 사는 사람은 그 장소가 제공하는 것에 의지하여 살아갈 수밖에 없다. 다시 말해 광야에 사는 자는 하나님이 주시는 것만 가지고 살아갈 수밖에 없다. 따라서 요한의 의복과 식량은 하나님을 향한 철저한 순종의 표현이며, 다른 한편 구약의 엘리야 선지자를 상기시킨다(왕하 1:8 "그는 털이 많은 사람인데 허리에 가죽 띠를 띠었더이다"; cf. 왕상 19:19-21).

세례 요한은 유대교의 예언 전통에 속한 자로서 예언자로서의 자의식을 갖고 있었다는 사실은 분명하다. 예수와 다른 청중들도 그와 같이 평가했다(마 11:9). 요한의 심판 설교와 더 강한 자의 도래에 대한 선포를 함께 고려하면, 요한 스스로 자신을 "환생한 엘리야"로 나타내려 했다고 말할 수 있다.[13] 요한은 임박한 하나님의 심판에 직면하여 회개를 선포했고, 그가 행한 물세례 의식은 요한에게 나타나

---

13) A. Strotmann, *Der historische Jesus: eine Einführung* (Paderborn: Schöningh, 2012), 85.

는 가장 독특한 것이었다. 그래서 요세푸스(『유대고대사』 18,116/18,5.2)는 그에게 '세례자'라는 별명을 붙였다. 유대교의 '민족신학'은 '하나님의 심판의 날'을 즐겨 이방인들에게 돌렸으나,[14] 세례 요한의 종말론적인 심판 선포는 다름 아닌 이스라엘 백성을 향했다. 이스라엘이 총체적으로 죄를 범해서 아브라함의 자손이라는 증거도 그 의미를 상실했다고 보았기 때문이다.

누가복음 3장 7-8절에서 요한은 엄중하게 이렇게 외친다.

> "독사의 자식들아 누가 너희에게 일러 장차올 진노를 피하라 하더냐 그러므로 회개에 합당한 열매를 맺고 속으로 아브라함이 우리 조상이라 말하지 말라 내가 너희에게 이르노니 하나님이 능히 이 돌들로도 아브라함의 자손이 되게 하시니라"

이스라엘은 하나님으로부터 받은 소명을 허비했고, 그리하여 하나님은 머지않아 당신의 백성을 심판하실 것이라고 요한은 생각했다. 그는 하나님의 최후 심판이 임박했다는 사실을 다음의 비유로 말했다.

> (눅 3:9) "이미 도끼가 나무 뿌리에 놓였으니 좋은 열매 맺지 아니하는 나무마다 찍혀 불에 던져지리라"

이런 화급한 시점에 요한은 이스라엘이 하나님의 진노에서 벗어날 수 있는 마지막 기회가 있음을 알렸다. 그것은 이스라엘이 속히

---

14) 이에 관해 W. Bousset/H. Gressmann, *Die Religion des Judentums im späthellenistiscnen Zeitalter* (Tübingen: Mohr, 1926), 257 이하를 참조하라.

회개하고 요단 강으로 나아와 세례를 받으라는 메시지였다. 이것이 그가 선포한 메시지의 핵심이다. 요한은 이스라엘을 향해 새롭게 '출애굽'하여 다시 약속의 땅으로 들어가야 한다고 요구했다. 바로 그런 이유로 이스라엘이 오래전 약속의 땅으로 들어가기 위해 건넜던 요단 강에서 세례를 베풀었다.

요단 강

유대교 전통에서 그 유래를 찾아볼 수 없는 요한의 세례는 죄의 용서를 위해 성전에서 드리던 속죄제물을 대신했다는 점에 그 독특성이 있다.[15] 그가 기원후 20년대에 일으킨 종말론적인 회개운동은

---

15) J. D. G. Dunn, 『예수와 기독교의 기원(상권)』, 490f. 헹엘은 1세기 유대교의 침례 관행을 살펴본 다음, "요한의 세례는 오직 세례 요한의 직접적이며 개인적인 작품으로서만 이해될 수 있다"라고 말한다: M. Hengel/A. M. Schwemer, *Jesus und das Judentum* (Tübingen: Mohr, 2007), 315.

2. 세례 요한 – 나사렛 예수의 길을 위한 예비자?

이스라엘의 회복을 일깨우는 일종의 '갱신운동'이었다.

2) 세례 요한에 대한 그리스도교적 이미지

우리에게 익숙한 세례 요한에 대한 표상은 대체로 그리스도교적 신앙에서 나온 것으로 보인다. '구원의 역사'라는 시각을 강조하는 누가는 요한을 마지막 예언자로서 예수와 함께 구원의 시대를 연 자로 여기면서, 요한은 예수를 예비하는 자로서 회개의 선포자이나 예수는 구원을 가져오는 자로 묘사한다(눅 3:1-6).

세례 요한을 그리스도교의 관점에서 해석한 가장 명확한 경우는 요한복음에 나온다. 이에 따르면 요한은 '예언자' 칭호마저 거절하는 자로 나오고(요 1:21), '하나님의 아들인 예수의 증언자'라는 사실이 강조된다(요 1:7-8, 15, 29-34). 그러나 학자들은 이와 달리 말한다. 예컨대 독일 하이델베르크의 저명한 신약학자 타이센(G. Theissen)은, 요한은 결코 예수를 직접 증거하지 않았음이 역사적으로 분명하다고 말하며, 또한 그를 예언자적 선구자요 예수의 길을 예비하는 자로 묘사하는 것 역시 그리스도교적 이미지로 간주한다.[16] 복음서는 선구자로 온 세례 요한과 그리스도의 생애를 나란히 병행시키고 있는데, 이는 복음서 저자들에게서 비롯된 것이다. 이런 병행은 세례 요한이 예수의 선구자 역할을 했다는 것에 대한 증거로 이해하기보다, 예수와 세례 요한 사이에 연속성이 있다고 보는 해석이 역사적 사실에 가까울 것이다.

---

16) G. Theissen/A. Merz, *Der historische Jesus* (Göttingen, 1997). 손성현 역, 『역사적 예수』 (다산글방, 2001), 304-305.

보충설명

여기서 항간에 만연된 오해를 다루려고 한다. 초창기 쿰란 전문가 야딘(Yigael Yadin, 1917-1984)은 "(세례) 요한은 에센파 사람들을 알았을 뿐만 아니라, 심지어 한동안 이 종파의 회원이었다"라고 주장했다.[17] 또한 오스트리아의 유대학 전문가 슈베르트(Kurt Schubert, 1923-2007)는 "세례 요한은 아마도 쿰란-에센파의 가르침과 특히 친밀한 접촉을 가졌을 것이다"라고 말했다.[18] 이처럼 요한의 세례를 '에센파'(=쿰란공동체)의 정결례와 밀접히 연결 지으려는 입장이 여전히 만연되어 있으나, 이는 설득력이 적다. 그 이유는 다음과 같다.

① 세례를 주는 요한의 행위와 달리, 쿰란공동체뿐만 아니라 기타 고대 유대교는 세례를 베푸는 자에 대하여 전혀 알지 못한다. 게다가 쿰란의 정결례는 단지 제식(Ritus)의 의미만 지니지만, 요한의 세례는 죄의 용서와 관련된 성례전(Sakrament)의 의미를 지니고 있다는 점에서 근본적으로 다르다.

② 요한의 세례는 일회적인 행위로서 미래에 있을 종말심판 때 죄 용서를 보증하는 반면, 쿰란의 정결례는 이러한 차원과 아무런 관련이 없을 뿐만 아니라 반복적으로 수행된다.

③ 쿰란의 정결례는 오직 정회원에게만 허락된 것과 달리 요한의 세례는 종파 소속과 무관하게 원하는 자 누구에게나 베풀었다.

④ 요한이 세례를 주던 장소는 요단 강 서편이 아니라, 베뢰아 지방의 요단 강 동편(요 1:28 "요단 강 건너편 베다니")으로서, 예루살렘에서 여

---

17) Y. Yadin, *Die Tempelrolle: Die verborgene Thora vom Toten Meer* (München/Hamburg, 1985), 265f.
18) J. Maier/K. Schubert, *Die Qumran-Essener* (München/Basel, 1982), 109.

2. 세례 요한 – 나사렛 예수의 길을 위한 예비자?

리고를 지나 요단 강 동쪽으로 나 있는 고대 무역로와 마주치는 곳이다.[19] 이곳은 헤롯 안티파스의 통치 영역에 속하므로, 헤롯 안티파스는 자신을 비판하는(막 6:17-29; 마 14:3-12; 눅 3:19-20) 요한을 붙잡아 처형시킬 수 있었다. 요한이 여리고를 정면으로 마주보는 장소를 세례 장소로 선택한 것은 성서적 전통에 따른 것이다. 여호수아가 이스라엘 백성을 요단 강을 건너 젖과 꿀이 흐르는 약속의 땅으로 인도한 바로 그 장소였다(수 4:13, 19). 요한이 요단 강 동편을 활동무대로 선택한 것은 이 강을 건넜던 옛 이스라엘의 상황과 일치한다. 따라서 요단 강 동편에서 거행된 요한의 세례 행위는 마치 옛 이스라엘의 광야 세대가 다가올 구원의 시기로 넘어가는 것을 예언자적으로 나타낸 상징행위였다. 요한이 활동하던 광야는 '유대 광야'가 아니라 여호수아의 인도에 따라 이스라엘이 40년간 머물렀던 '이방인의 광야'를 가리킨다.

결국 세례 요한과 쿰란 사이에 어떠한 밀접한 접촉점도 찾을 수 없다는 사실로 미루어 세례 요한을 쿰란공동체의 멤버로 여기는 시각은 타당하지 않다.

예수가 요한에게 세례를 받았다는 기억은 초기 그리스도교에게 실상 당혹스러운 일이었을 것이다. 그로 인해 세례 요한이 예수보다 우월한 존재임을 나타낼 수 있을 뿐만 아니라, 세례가 죄 용서와 관련되었기에 예수가 죄의식을 가졌음을 가리킬 수도 있기 때문이다. 그럼에도 예수가 요한으로부터 세례받았다는 사실이 전해 내려온 것은, 그것이 감출 수 없을 정도로 너무도 명백한 역사적 사실이었기 때문이다. 이런 관점에서 예수의 세례는 역사적으로 일어났던 사건임이 분명하다. 그런데 예수가 받은 세례에 대해 전하는 초기 그

---

19) H. Stegemann, *Die Essener, Qumran, Johannes der Täufer und Jesus*, 295.

리스도교의 자료들은 이미 변증적인 경향을 나타낸다.

🔹 보충설명

- 마 3:13-17: 세례 요한은 예수에게 세례 주기를 거절한다. 도리어 예수가 자신에게 세례 주는 것이 마땅하다고 주장한다. 그러나 예수는 "모든 의를 이루기 위해"(마 3:15) 세례받는다.
- 2세기 초 유대 그리스도교의 산물인 〈에비온파 복음서〉(단편3): 변증의 모티브를 더욱 강조한다: 세례 요한이 하늘의 음성을 듣고 예수 앞에 무릎을 꿇고 세례받기를 청한다.: "당신께 청하오니, 주님, 저에게 세례를 베풀어 주십시오! 그러나 그분은 그를 막으며 말씀하셨다. 이대로 하시오. 이렇게 해서 모든 것이 이루어져야 하느니라."
- 요 1:29 이하: 예수가 죄 짐을 지고 요한에게 나왔다고 말하나, 자신의 죄 때문이 아니다. 예수는 '세상의 죄'를 지고 가는 하나님의 어린 양이다. 세례받는 장면에 대한 언급이 아예 없다.
- 눅 3:21-22: "백성이 다 세례를 받을새 예수도 세례를 받으시고 기도하실 때에 하늘이 열리며 성령이 비둘기 같은 형체로 그의 위에 강림하시더니…." 예수가 세례를 받는다는 보도는 전하나, 세례 요한 자체를 전혀 언급하지 않는다.
- 2세기 중엽 유대 그리스도교의 산물인 〈나사렛파 복음서〉(단편2): "주님의 어머니와 형제들이 그분[=예수]께 말하였다. '세례 요한이 죄의 용서를 위한 세례를 베풀고 있습니다. 우리도 가서 그에게 세례를 받읍시다.' 그러자 그분[=예수]께서 말씀하셨다. '그에게 가서 세례를 받아야 한다니, 내가 무슨 죄를 지었단 말인가? 혹 내가 한 말 중에 모르고 (지은 죄)가 있는 게 아니라면 말이지'"(히에로니무스, 〈펠라기우스파 논박〉

3.2). 여기에서 예수는 죄 용서를 받기 위해 세례받아야 한다는 사실을 공식적으로 부인한다.

이렇게 보면, 우리에게 익숙한 표상, 즉 세례 요한을 예수의 길을 예비하는 자로 묘사하는 표상은 타이센의 말처럼, 훗날 그리스도교에서 생겨난 이미지에 해당한다고 말할 수 있다. 비록 실제 요한이 갖고 있던 자기이해가 우리 그리스도인이 바라보는 이해와 다를지라도, 그는 구약의 다른 예언자들처럼 하나님의 말씀을 선포하는 예언자의 삶을 살다가 결국 엄청난 핍박을 받아 순교한 위대한 예언자임이 틀림없다. 이러한 이해를 바탕으로 이제 나사렛 예수가 어떤 인물이었는지를 들여다보자.

3. 나사렛 예수 - 하나님나라 선포자

21세기에 돌입하면서 역사적 예수를 기술하는 일이 예전보다 더 어렵게 되었다. 현대인의 진리 의식에 비추어 볼 때, 복음서가 전하는 예수 이야기를 액면 그대로 받아들이기가 어려워졌다. 다른 한편으로 예수를 순전히 역사적인 범주로 설명하고자 했던 이전 시대의 잘못을 그대로 답습해서도 안 된다는 생각이 사람들 사이에 공감대를 이루고 있기 때문이다. 이러한 난점에도 불구하고 역사적 예수의 선포와 이에 근거한 교회의 선포 사이에 놓인 내적인 연속성을 고려하면, 역사적 예수에 관한 질문은 여전히 중요한 신학적 질문이다. 따라서 우리는 이 질문을 도외시할 수 없다.

역사적 예수 문제를 다룰 때 현재 학계에서 사용하는 몇 가지 개념들을 간략히 정리할 필요가 있다. 최근에 와서 '역사적 예수 vs 기억된 예수'와 관련하여 논란이 있다. 자료들을 비판적으로 다루면서 순수한 역사적 관점에서 접근하는 역사적 예수 연구는 18세기에 들어와서 시작되었다. 그런데 아무리 객관성을 중요하게 여기는 역사적 연구일지라도 과거에 일어났던 사건을 있는 그대로 완벽하게 재현하는 것은 불가능하다. 역사적 연구란 연구자의 현재적 관점에서 관련 자료를 해석한 것이며, 자기 시대의 인식 정도에 맞춰서 설계한 것에 지나지 않기 때문이다. 결국 "역사적 예수"는 언제나 해석자를 통한 자료 평가의 산물인 셈이다. 그것은 자료를 어떻게 평가하고 조합하느냐에 달려 있고, 그에 따라 예수에 관한 다양한 표상들이 나오게 마련이다.

이와 달리 "실제적 예수"(the real Jesus) 혹은 "지상적 예수"(der irdische Jesus)라는 표현도 있다. 이는 학자들이 자료들을 분석하여 구축한 "역사적 예수"와 달리 1세기 갈릴리에 실제로 살았고 활동했던 인물 나사렛 예수를 가리킨다. 오늘날 우리는 지상적 예수에 직접 다가갈 수 없고 단지 후대 사람들의 해석을 통해서만 중개될 뿐이다.

또 다른 개념으로 "기억된 예수"라는 표현도 있다. 이것은 21세기에 접어들면서 생겨난 개념이다. 저명한 신약학자 제임스 던(James Dunn)이 자신의 저서에 "Jesus Remembered"라는 제목을 붙이면서 현재 즐겨 쓰는 표현이다.[20] 복음서의 저자들이 묘사하는 이야기는 후대인에 의해 "기억된 예수"를 당시의 문학적 수단을 이용하여 설계한 것임을 뜻한다. 던은 이렇게 말한다: "공관복음 전승은 예수가 행했고 말했던 것에 대해 가장 근접한 증거를 제공하기보다는, 예수가 행했고 말했던 것에 대해 첫 번째 제자들이 기억한 것에 대한 증거를 제공한다."

예수를 가리키는 이러한 개념들을 학자들이 구분하는 것은 나사렛 예수의 실제 모습을 찾는 작업이 매우 까다롭고 어려운 일임을 암시한다. 개념상 미묘한 차이에도 불구하고 나사렛 예수를 역사적

---

20) J. D. G. Dunn, *Jesus remembered* (Grand Rapids: Eerdman, 2003).

으로 연구하는 사람들은 일반적으로 자기들의 이해가 팔레스타인에 살았던 바로 그 나사렛 예수에 대한 실상에 가까울 것으로 믿는 경향이 있다. 이런 이해 위에서 우리의 주제를 시작해 보자.

1) 나사렛 예수는 누구인가?

갈릴리를 중심으로 활동했던 역사적 인물인 "나사렛 예수는 누구인가?" 하는 질문은 매우 오래된 고전적인 질문이다. 이 질문은 여전히 오늘날에도 이어지고 있다. 지금은 하나의 사상이 온 세상을 지배하던 시대가 끝났음을 선언하는 '포스트모더니즘' 혹은 '탈근대주의'(Postmodernism)라 불리는 새로운 시대정신이 유행하고 있다. 그에 걸맞게 무엇보다도 관찰자의 관점을 존중한다. 그리하여 예수에 대한 평가도 가지각색이다.

타이센/메르츠는 역사적 예수와 관련한 모범적인 교과서로 널리 알려진 공저 『역사적 예수』에서 다양한 예수상을 5가지 범주로 나누어 설명한다[21]:

① 하나님과 친밀한 관계에 있는 자로서 설명하기 어려운 영향력을 통해 추종자들을 매료시킨 "카리스마적 존재"
② 하나님나라를 선포한 종말론적 "예언자"
③ 기적 행위를 통한 "치유자"
④ 비유를 통해 인간을 하나님과 대면하게 하는 "시인"
⑤ 자유로운 토라 해석을 통해 유대교적 윤리를 대변하는 "스승"

이는 지금까지 이어온 역사적 예수와 관련된 연구 결과를 깔끔하

---

21) 『역사적 예수』(다산글방, 2001), 277-351. 또한 다음을 참조하라: M. A. Powell, 『예수에 대한 다양한 이해』(대한기독교서회, 2016).

게 정리한 구분이다!

현대 학자 중 눈에 띄는 예수 해석을 제시한 몇몇 사람들을 나열해 보자. 심리상담가이며 신학자인 한나 볼프(Hanna Wolf, 1910-2001)는 심층심리학적 관점에서 예수를 가리켜 "치유자"이며 영혼 내의 여성성을 득특한 방식으로 통합한 "그 남자"로 불렀다.

종교학자 모턴 스미스(Morton Smith, 1915-1991)는 예수를 가리켜 마술을 통해 기적을 행한 "마술사"로 불렀다. 고대 지중해 세계의 문화인류학에 관심이 많은 신약학자 존 도미니크 크로산(John Dominic Crossan)은 임박한 종말론의 문맥을 통해서가 아니라 견유주의 관점에서 예수를 바라볼 것을 요청하면서, 예수를 가리켜 세상을 대체할 사회적 비전을 제시한 "유대인 소작농 출신의 견유 철학자"로 이해한다.

또한 크로산과 더불어 '예수 세미나'(The Jesus Seminar)[22]의 회원인 마커스 보그(Marcus J. Borg)는 윌리엄 제임스의 종교 체험 분석과 교차문화적인 연구에 의지하여 예수를 특별한 영을 소유한 "유대 신비가"로 해석하고, 저명한 유대인 학자 버미스(Geza Vermes)는 예수를 갈릴리 시골의 심성을 지닌 "기적 행위자"로 부른다. 이처럼 예수를 바라보는 현대적 해석은 실로 다양하다. 소박한 신앙인의 경우 그러한 해석들을 수용하기 어려울 수 있다. 이런 다양한 해석은 각 저자의 관점에 영향을 받았다고 말할 수 있다.

관찰자의 관점이 존중받는 포스트모더니즘 시대에 돌입하면서,

---

[22] '예수 세미나'(The Jesus Seminar): 하버드와 에모리 대학에서 가르쳤던 신약학자 펑크(Robert W. Funk)가 주창하여 웨스타 연구소(Westar Institut)로부터 후원을 받아 1985년에 창설된 세미나이다. 설립 목적은 역사적 예수 연구를 촉진하는 일이다. 이를 위하여 여러 학자들의 연구 결과를 종합하며, 동시에 대중에게 연구 결과를 소개한다. 예수 세미나의 이러한 관심은 근본주의에 반대하는 경향을 띤다.

더 이상 '하나의 온전한 예수상'에 관해 말하기 어렵게 되었다. 그럼에도 나사렛 예수와 관련된 역사적 질문을 향한 현대인의 관심은 지금도 여전하다. 위에서 기술했듯이 오늘날 현대 학자들이 외부인의 시각에서 바라보는 예수의 정체성은 다양하다. 다른 한편 예수는 자기 자신을 어떤 존재로 이해했는지도 궁금하다. 이른바 '예수의 자의식'에 관한 질문이다. 과연 나사렛 예수는 자기 자신을 종말론적 메시아로 확신했는가? 이 문제는 아래에서 좀 더 자세히 다룰 예정이기에 여기서는 건너뛰자.

▪ 역사적 예수 연구가 본격화된 시기는 계몽주의와 합리주의가 유행하던 17-18세기였다. 당시 개신교 정통주의가 내세우는 '그리스도 교리'에 대한 반감에서 예수에 대한 과격한 질문이 제기되었다.

예수의 생애 연구는 함부르크 대학의 근동어학 교수 라이마루스(H. S. Reimarus, 1694-1768)에게서 출발했다. 그는 예수의 선포를 사도들의 그리스도 신앙과 철저히 구분하면서 예수를 당시 유대교의 틀에서 파악해야 한다는 사실을 강조했다. 그런데 십자가와 부활과 재림과 관련된 그리스도 신앙을 제자들이 꾸며낸 '사기'로 설명함으로써 많은 비판을 받았다.

19세기에 들어와서는 독일 함부르크 대학교의 근동언어 교수인 슈트라우스(David Friedrich Strauss, 1808-1874)가 『예수의 생애 - 비판적으로 다룸』이라는 저서에서 역사적 예수에 대한 질문을 본격적으로 다루었다.[23]

2권으로 구성된 거의 1,500쪽에 해당하는 방대한 분량의 연구서

---

23) D. Fr. Strauss, *Das Leben Jesu, kritisch bearbeitet*, 2 Vols. (Tübingen, 1835/1836).

에서 슈트라우스는 복음서가 전하고 있는 예수 이야기는 상당 부분 신화적으로 채색되었음을 밝히면서 또한 복음서에 담긴 비역사적인 내용을 제거함으로써 합리주의적 관점에서 역사적 예수의 모습을 구축하려고 했다.

D. Fr. 슈트라우스

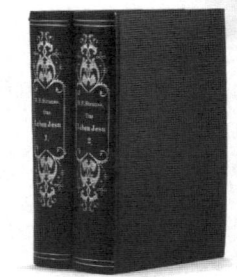

그에 따라 복음서에 나오는 예수의 기적을 "기적에 대한 유대인들의 집착"으로 간주하면서 합리적으로 설명하고자 했다. 예컨대 부활은 예수가 외관상 죽은 것처럼 보였을 뿐이며, 예수가 갈릴리 호수 위를 걸은 기적은 제자들의 환상에서 나온 것으로 여겼다. 이처럼 자연법칙이 통하지 않는 내용이나, 복음서 상호 간에 나타나는 모순, 또한 구약성서에 나오는 신화적인 보도는 모두 제자들의 무의식에 담긴 신화적 상상력에서 비롯된 것으로 설명했다.

또한 요한복음을 사도적이며 신뢰할 만하다고 여긴 슐라이어마허를 비판하면서 "슐라이어마허의 그리스도는 교회의 그리스도만큼이나 실제적 인물이 아니다"라고 말했다.[24] 그러나 슈트라우스는 헤겔 철학에 사로잡혀 역사적 예수의 실상을 밝혀내기보다는, 예수를 신성과 인성이 결합된 '신·인성'(Gottmenschlichkeit)의 절대 이념이 실현된 것으로 간주하는 관념론적 해석에 빠지는 오류를 범하고 말았다.

---

24) D. Fr. Strauss, *Der Christus des Glaubens und Jesus der Geschichte: Eine Kritik des Schleiermacher'schen Lebens Jesu* (Berlin, 1865).

슈트라우스 이후 역사적 예수를 찾기 위한 수많은 시도가 있었으나, 이미 20세기 초에 알베르트 슈바이처는 그의 역저 『예수의 생애 연구사』(¹1906; ²1913)에서 각각의 저자들이 묘사한 예수의 이미지는 개별 저자의 윤리적 이상에서 나온 것임을 폭로했다.[25] 다시 말해 역사적 예수의 실체를 밝히고자 했던 과거의 모든 시도는 한결같이 저자들이 바라보고픈 환영의 산물임을 밝혔다. 이런 슈바이처의 냉혹한 평가는 한 세기가 지난 오늘날에도 여전히 유효해 보인다.

20세기부터 현재에 이르기까지 성경 전체에 대한 정치적 해석이 유행하고 있는데, 예수를 둘러싼 해석도 그 영향을 피할 수 없었다. 영국의 종교사학자 브랜든(S. G. F. Brandon)은 1967년에 『예수와 젤롯당』(Jesus and the Zealots)이란 책을 출간했는데, 여기에서 예수는 젤롯당에 우호적인 태도를 취했다고 주장했다. 그러면서 예수를 사회정치적인 혁명가이며 선동가였

알베르트 슈바이처

고, 결국 빌라도에 의해 십자가형에 처해졌다고 하였다.

이러한 브랜든의 주장은, 예수는 로마의 지배에 저항한 진정한 혁명가였다고 주장한 오스트리아 유대계 문화역사가인 아이슬러(R. Eisler)와 궤를 같이한다. 아이슬러는 이미 1929-1930년에 출간된 자신의 저서 『왕이 되지 못한 왕 예수』에서, 예수는 생애 전반기 동안 비폭력적인 가르침을 선포했으나, 훗날 폭력적인 방법으로 예루살렘 성전을 점령하면서 마침내 로마군의 반격을 받아 죽음에 이르렀다

---

25) 우리말 번역: 『예수의 생애 연구사』, 허혁 역 (대한기독교출판사, 1995).

3. 나사렛 예수 – 하나님나라 선포자

고 하였다. 이와 유사한 정치적 해석은 지금도 유행하고 있다.[26]

그러나 이런 해석에는 무리가 있다. 현재 고인이 된 튀빙엔의 저명한 신약학자 마르틴 헹엘(Martin Hengel)은 1970년에 『예수는 혁명가였나?』(War Jesus Revolutionär?)라는 소책자를 썼다. 여기에서 그는 '아가페'의 메시지(눅 6:27-28)를 예수 선포의 대헌장이라고 불렀다. 그러면서 바로 이것이 예수 선포에 담긴 진정한 의미에서의 혁명적인 것이라고 말했다. 그리고 "예수는 혁명가인가?"에 대한 질문에 결론적으로 "Yes & No"로 답할 수 있다고 한다. 예수는 유대 전쟁 시 젤롯당처럼 폭력을 통해서 세상을 개선하려는 길을 가지 않았기 때문에 혁명적이라 말하기 어렵다. 그러나 다른 한편으로 그가 비폭력의 길이요 고난의 길인 "아가페의 길"을 갔다는 의미에서 역사의 무대에 등장한 그 어떤 혁명가보다도 더 위대한 혁명가였다고 한다.

마르틴 헹엘

예수의 생애에 담긴 혁명적인 차원을 좀 더 부연 설명해 보자. 예수는 유대 민족의 선민 이데올로기를 타파하고 거룩한 모세 오경의 세부 규정들을 파기하면서, 그 대신 참된 인간적 태도야말로 하나님의 본래적 의도라는 사실을 내세웠다고 한다.

또한 세상 권세들로부터의 해방은 믿음 안

---

26) 레자 아슬란, 『젤롯』(2014) [원제목: The Life and Times of Jesus of Nazareth]. 여기에서 예수는 유대의 독립과 민중을 위해 싸운 혁명가로 묘사된다. 또한 호슬리(R. Horsley)는 여러 저서 가운데 예수와 바울을 포함한 초기 그리스도교를 줄기차게 로마 제국에 대한 정치적 저항의 관점에서 해석한다: 『바울과 로마제국』 (기독교문서선교회, 2007); 『예수와 제국』 (한국기독교연구소, 2004); 『하나님과 제국』 (포이에마, 2010).

에서 하나님의 사랑에 충만하여 이웃에게 다가감으로써 이루어진다고 보았다. 바로 이런 의미에서 예수는 혁명가라고 부를 수 있고, 한 걸음 더 나아가 "최고의 혁명가"라 힘주어 말할 수 있으리라 한다. 그러면서 헹엘은 역사적 예수를 가리켜 토라의 참된 해석자이며 지혜의 참된 교사로서 이스라엘의 운명을 절정에 도달하게 한 메시아적 전권을 소유한 자로 이해했다.[27] 이러한 입장은 대체로 신약 학계에 널리 수용되었다.

타이센은 "예수 활동의 정치적 차원"(2002)이란 글에서 "상징 정치"(Symbolpolitik)라는 표현을 사용하면서 예수와 정치의 관계를 흥미롭게 설명한다.[28] 그에 의하면 예수가 추구한 상징 정치는 고대 통치자상에 대한 일종의 대안이었다. 비록 예수는 어떤 폭력적인 봉기를 계획하지 않았을지라도 그의 추종자들이 예수에게서 왕적

게르트 타이센

메시아를 기대하였다면, 이들은 예수를 정치적 의도를 가진 자로 바라볼 수밖에 없었으리라 한다.

또한 타이센은 폭력 정치를 거부한 예수를 가리켜 "상징 정치의 대가"로 부르며, 그가 추구한 통치의 이상은 강제성과 압박이 없는 인간적인 통치상이라고 한다. 그런 인간적 통치상은 원수사랑의 계

---

27) Hengel/Schwemer, *Der messianische Anspruch und die Anfänge der Christologie* (Tübingen, 2001), 1-80.
28) G. Theissen, "Die politische Dimension des Wirkens Jesu", in: W. Stegemann/B. J. Malina/G. Theissen(eds.), *Jesus in Kontexten* (Stuttgart, 2002), 112-122.

명과 섬김의 통치를 향한 권면, 평화를 세우는 복 선언에 잘 나타난다고 한다. 그런 의미에서 예수는 정치에 대한 반정치적인 입장을 취했으며, 제자들을 향한 예수의 다음과 같은 말씀에서 그런 입장이 분명히 드러난다고 한다(막 10:42-44): "너희가 아는 대로, 이방 사람들을 다스린다고 자처하는 사람들은, 백성들을 마구 내리누르고, 고관들은 백성들에게 세도를 부린다. 그러나 너희끼리는 그렇게 해서는 안 된다. 너희 가운데서 누구든지 위대하게 되고자 하는 사람은 너희를 섬기는 사람이 되어야 하고, 너희 중에 으뜸이 되고자 하는 사람은 모든 사람의 종이 되어야 한다."

결국 예수가 추구한 정치적 행위는 폭력을 최소화하며 힘없는 자들을 권세의 주체로 들어올렸다고 보았다. 이런 의미에서 예수의 활동은 정치적인 차원을 갖고 있다고 말한다.

■ 역사적 예수 문제를 다루게 되면 그의 생몰연대에 대한 궁금증이 일어난다. 아쉽게도 우리는 나사렛 예수가 정확히 언제 출생하고 사망했는지 말하기 어렵다. 마태복음과 누가복음의 일치된 보도에 따르면 헤롯 대왕(기원전 73-4)의 통치 기간 어느 해에 출생했다(마 2:1 이하; 눅 1:5). 또한 요세푸스(Josephus)가 1세기 80-90년대에 기록한 작품에 따르면, 예수는 기원전 4년 봄에 출생했다고 전한다.[29] 이런 정보에 근거하여 대체로 헤롯 대왕의 통치 말년경에 예수가 출생한 것으로 추정한다.

---

29) 『유대 고대사』, XVII, 167, 213; 『유대 전쟁기』, II, 10.

보충설명

헤롯 왕이 기원전 4년에 사망한 이후 팔레스타인 전역은 불안과 소요로 가득했다. 로마 지배에 항거하는 메시아적 성향의 저항운동이 퍼져 있었다. 기원후 6년에 팔레스타인에 메시아를 자처하는 '갈릴리 유다'(Judas Galilaios)란 사람이 로마 당국에 내는 세금을 거부하면서 극단적인 신정-정치적 운동을 일으켰다. 또한 '시몬'(Simon)과 '아트롱게스'(Athronges)란 이름을 가진 두 명의 저항운

헤롯 대왕의 흉상

동 지도자들이 저마다 메시아 왕이라 자처하면서 봉기했다. 또한 세례 요한에 의한 '회개운동'도 있었다(대략 25-29년). 이와 같은 소요들로 인해 팔레스타인 전역이 불안에 빠져 있던 시대에 예수가 등장했다.

그리고 예수의 공생애는 누가복음 3장 23절에 따르면 "삼십 세쯤"에 시작했다고 한다. 이 정보도 전적으로 확신하기 어렵다. 다윗이나 요셉, 그리고 에스겔과 같은 구약성서 인물들의 공적인 삶도 서른 살에 시작했다고 전한다. 이로 미루어 서른 살이 공적인 삶에 합당한 '이상적인 나이'라고 생각할 수 있기 때문이다. 누가복음 3장 1절에 따르면 세례 요한의 공적 활동이 로마 황제 티베리우스 (Tiberius, BC 42-AD 37) 통치 15년째 해에 시

티베리우스 황제

3. 나사렛 예수 – 하나님나라 선포자

작했다고 하는데, 이는 기원후 28년경에 해당한다.

요한이 활동을 개시하고 얼마 지나지 않아서 예수가 세례받기 위해 그에게 나아갔다고 가정하면, 예수의 공생애 시작도 28년 무렵으로 추정할 수 있다. 이러한 추정은 예수의 공생애 시작을 "삼십 세쯤"으로 전하는 누가복음 3장 23절의 정보와도 대충 맞아떨어진다. 예수가 사망한 해를 둘러싸고도 논란이 많으나, 보통 기원후 30년으로 추정한다. 예수의 고향은 갈릴리 나사렛이다. 그런 이유로 "나사렛 사람"이라 불린다(막 1:24, 10:47, 14:67, 16:6). 베들레헴을 예수의 고향으로 보는 관점은 역사적 정보라기보다 그를 다윗의 자손으로(즉, 고대하던 메시아로) 보려는 신학적 동기와 관련이 있다.

아무튼 우리의 관심사는 나사렛 예수가 요한에게 세례를 받았다는 사실에 있다. 이것은 예수의 생애 동안 일어난 일들 가운데 역사적으로 가장 확실한 사건으로, 예수가 요한과 긴밀하게 연결되어 있었다는 사실을 알려준다. 예수가 요한의 세례를 수용했다는 사실에서 우리는 예수의 선포가 요한의 선포와 긴밀한 관계에 놓여 있음을 쉽게 상상할 수 있다.[30]

2) 예수와 세례 요한의 관계

나사렛 예수가 선포한 메시지의 본론으로 들어가기에 앞서, 일반 신앙인들에게 상당히 도발적으로 들리는 한 주제에 대해 살펴보려 한다. "예수는 세례 요한의 제자였는가?" 하는 질문이다. 이것은 신학

---

30) 아래 내용은, 김창선, 『역사적 성서해석과 신학적 성서해석』(교육과학사, 2016), 195 이하를 참조했다.

적 질문이라기보다 주로 학자들이 제기하는 역사적 질문에 속한다.

복음서 전승에 따르면, 예수는 종말론적인 회개운동을 일으킨 세례 요한과의 거리감을 드러내는 진술을 한 적이 없다. 오히려 그 반대이다. 예수는 하나님이 행하시는 구원의 역사 안에서 요한이 차지하는 중요성과 위상을 실로 높이 평가했다. 즉 구약성경의 위대한 예언은 요한의 시대까지이며, 여자가 낳은 자 중에 가장 큰 자인 요한은 새 시대를 열 메시아를 예비하는 자라는 것이다(마 11:11, 13-14).[31] 이것만 보더라도 예수와 세례 요한 사이의 관계가 긴밀했으리라는 점은 분명하다. 예수와 요한 사이의 관계를 규명할 때 가장 중요한 요소는 무엇보다도 예수가 세례 요한에게 세례를 받았다는 역사적 사실이다(막 1:9-11 par).

다음과 같은 질문을 제기할 수 있다. 예수는 어찌하여 자신의 활동무대인 북쪽 갈릴리 지역에서 남쪽으로 사마리아 산악지대를 통과하여 100km 이상 멀리 떨어져 있는 요단 강가로 나아가서 요한에게 세례를 받았는가? 다시 말해 예수는 요한에게 나아가 그가 베푼 세례를 받고 그의 제자가 되어 그가 일으킨 세례운동에 적극적으로 합류한 것으로 볼 수 있을까? 학계의 입장은 대체로 두 가지로 나뉜다: 예수가 요한에게 세례를 받고 세례운동을 수용했으나 요한의 제자가 되지는 않았다고 보는 입장이 있는가 하면,[32] 다른 한편 예수는 요한에게 세례를 받고 한동안 요한의 제자로서 그의 세례운동에 동참했을 가능성이 크다는 입장이다.[33]

---

31) 또한 막 9:9-13, 11:27-33 par; 마 21:28-32; cf. 도마복음 46.
32) J. 그닐카, 『나자렛 예수』, 113; cf. J. Ernst, "War Jesus ein Schüler Johannes' des Täufers?", in: H. Frankenmölle/K. Kertelge(ed.), *Vom Urchristentum zu Jesus* (Herder, 1989), 13-33.
33) R. Bultmann, *Jesus* (Tübingen, 1926); J. Jeremias, *Neutestamentliche Theologie I* (Gütersloh, 1973), 51-53; J. P. Meier, *A Marginal Jew II* (New York, 1994), 116-130; J. Becker, *Jesus von Nazaret* (Berlin, 1996), 62; M. Ebner, *Jesus von Nazaret* (Stuttgart, 2007), 83-85; G. 로핑

다수의 학자들은 후자의 입장이 역사적으로 더 설득력이 있다고 판단했다. 무엇보다도 예수의 하나님나라 선포는 극도로 임박한 종말사상을 전하는 세례 요한의 선포를 그 사상적 배경으로 삼고 있다는 사실이 그것을 지지하는 것으로 여긴다. 예수가 요한의 선포를 수용하여 새롭게 적용하기 위해서는 요한과 공유한 시간이 짧지 않았을 것으로 추정할 수 있다. 또한 "여자가 낳은 자 중에 요한보다 큰 자가 없도다"라는 요한에 대한 예수의 극찬(눅 7:24-28a)은, 예수가 세례 때 단 한 번만 요한을 만난 것이 아니라, 그와 한동안 지속적인 관계를 맺고 있었다는 사실을 암시한다.

게다가 요한복음에 따르면, 예수의 첫 번째 제자들은 다름 아닌 세례 요한의 무리에서 유래했다고 나오는데(요 1:35 이하), 그중의 한 사람이 시몬 베드로의 형제인 안드레이다. 그들이 예수와 함께 요한의 무리에서 나온 것으로 이해할 수 있다.

심지어 요한복음 3장 22절은 예수가 요한과 동일한 시점에, 유대 땅에서 세례를 베푼 것으로 전한다. 그뿐만 아니라 부활절 이후 곧장 예수의 제자들은 세례를 그리스도교 신앙공동체 가입을 위한 성례전으로 수용하여 사람들에게 세례를 베풀었는데, 이는 종교사적으로 명백히 종말론적 성례전인 요한의 세례에서 유래한 것이다.

이와 같은 요소들은 예수 자신이 요한의 세례를 받았을 뿐만 아니라, 요한의 회개운동에 합류하여 자신도 요한과 함께 세례를 베풀었다는 점에 근거할 때 이해가 된다. 이러한 관찰에 근거하여 나사렛 예수는 한동안 요한의 제자였으리라는 추측이 설득력을 얻는다. 그런데 머지않아 예수는 요한과 갈라섰다. 이에 대해서는 나중에 자

크, 『예수 마음 코칭』, 김혁태 역 (생활성서사, 2015), 54; 뻬로, 『예수와 역사』, 박상래 역 (서울: 가톨릭출판사, 1998), 118; A. Strotmann, *Der historische Jesus* (Paderborn, 2012), 93.

세히 살펴보려 한다. 일단 예수가 선포한 메시지에 집중하자.

3) 예수의 심판 선포 – 세례 요한의 유산

예수가 요한의 세례를 수용했다는 사실은, 그의 심판 선포에 동의했을 뿐만 아니라, 임박한 종말론적 비전, 곧 이스라엘 역사는 근본적인 전환기에 있다는 시각을 요한으로부터 물려받았음을 뜻한다. 다시 말해 두 사람 모두 이스라엘이 하나님을 거역함으로 인해 선민의 자격을 박탈당했고 총체적으로 심판에 직면했다고 확신했다. 복음서 전승은 예수가 하나님나라 선포와 더불어, 종말론적인 심판 선포도 강조했다는 사실을 숨기지 않는다. 예수의 말씀만 담은 문서인 이른바 큐(Q)문서, 즉 "예수 어록" 가운데 심판과 관련된 본문의 양이 무려 76구절(35%)에 해당한다.[34]

보충설명

"예수 어록" 혹은 "큐(Q) 문서"란 무엇인가? 복음서 저자인 마태와 누가는 각자 자신의 복음서를 집필할 때 두 가지 동일한 자료를 활용했는데, 하나는 마가복음이고 다른 하나는 예수의 말씀으로만 이루어진 어떤 문서자료였다. 학자들은 예수의 말씀만을 최초로 모은 이 문서자료를 가리켜 "예수 어록"이라 부르고 약자 "Q"로 표현한다. 이것은 독일어 '크벨레'(Quelle=자료)라는 단어의 첫 철자를 따온 것이다. 큐 문서는 유랑하면서 복음을 전한 '유랑 설교자'에 의해 전승되는 과정을 거치면서 기원후 50-60년경 팔레스타인에서 완성된 것으로 추정한다. 큐 문

---

34) M. Reiser, *Die Gerichtspredigt Jesu* (Münster, 1990)를 참조하라.

서는 중도에 사멸되었으나, 마태복음과 누가복음에 담겨 있는 공통된 부분을 비교하는 가운데 큐 문서의 원형에 가깝다고 추정되는 본문을 현재 복원하였다.[35] 큐 문서는 역사적 예수의 가르침을 최초로 문서로 만든 것이기에 그것을 재구성하는 데 가장 중요한 자료이다.

이로 미루어 예수가 심판에 대해 자주 언급했다는 사실은 명백하다(눅 11:29-32, 12:16-20, 13:1-5, 16:1-8; 마 12:39-42). 그런데 눈에 띄는 것은, 예수의 심판 선포는 모두 이스라엘을 대상으로 하고, 이방인들을 향한 심판의 말씀은 전혀 없다는 사실이다. 이것은 구약의 예언서들이 이방 민족들에게 내리는 하나님의 심판의 말씀을 전하고 있는 것과 확연히 다르다. 예수의 심판 선포가 오로지 이스라엘을 대상으로 한 것은 그의 선포와 활동이 전적으로 이스라엘에 집중되었기 때문이다. 예수는 이스라엘 백성이 온전히 하나님께 돌아서기를 바라고 있었다.

구원을 약속하는 예수의 하나님나라 선포가 수용되지 않고 거부될 경우, 하나님나라 선포는 심판 선포로 바뀐다(cf. 막 6:11; 마 10:34). 한마디로 하나님나라 선포와 심판 선포는 동전의 양면과 같다. 하나님나라 선포는 듣는 이에게는 위기와 결단과 심판의 순간을 뜻하기 때문이다. 이처럼 예수의 하나님나라 선포는 처음부터 그의 심판 선포와 밀접히 연관되고 내적으로 하나를 이룬다. 예수의 심판 선포는 회개를 촉구하는 선포였고, 그 목적은 심판을 선고받은 사람들을 구원하기 위함이다.

---

35) J. M. Robinson/P. Hoffmann/J. S. Kloppenborg, *The Critical Edition of Q* (Leuven: Peeters Press; Minneapolis, 2000). 우리말 번역: 소기천, 『예수말씀 복음서 Q 개론』(대한기독교서회, 2004), 338-387; 또한 K. St. Krieger, *Was sagte Jesus wirklich*, 김명수 역, 『큐복음서: 예수는 실제로 무슨 말씀을 하셨을까?』(피피엔, 2010)를 참조하라.

이렇게 볼 때, 종말론적 심판 선포를 전면적으로 강조한 세례 요한의 시각이 그에게 세례를 받고 세례운동에 가담한 예수에게 전달되었다고 보는 것이 자연스럽다. 심지어 타이센은 "세례자 요한의 말이 예수의 말 속에 들어갔을 가능성, 혹은 (더 개연성 있는 것으로) 예수가 세례자 요한의 말을 자신의 말처럼 설교 속에 포함시켰을 가능성을 고려하지 않으면 안 된다"라고 말한다.[36] 아무튼 예수의 심판 선포는 요한에게서 물려받은 유산임이 분명하다. 따라서 요한과 예수 사이에 분명 연속성이 있다고 말할 수밖에 없다. 그러면 두 사람 사이에 놓인 차이점은 무엇인가? 이 점을 살펴보기 위해 이제 예수가 선포한 하나님나라에 관한 메시지에 대해 다루고자 한다.

4) 예수 선포의 중심 – 하나님나라

"예수가 선포한 핵심 메시지가 무엇인가?"라는 질문을 받게 되면 적지 않은 그리스도인들은 아마 "복음!"이라고 답하기 쉽다. 그러나 엄격히 말하면 이러한 대답은 틀렸다. 그 이유는 복음서에 전해지는 그에 대한 예수의 표현은 '복음'(유앙겔리온, εὐαγγέλλιον)이 아니라, '하나님나라'(바실레이아, βασιλεία)이기 때문이다. 물론 하나님나라의 내용이 복음에 상응하기 때문에 그런 답도 완전히 틀렸다고 말하기 어렵다. 그러나 예수가 사용한 단어는 명백히 '하나님나라'라는 개념이다. 하나님나라가 예수 선포의 중심에 있다는 것은 익히 알려졌을 뿐만 아니라 학계에서도 전혀 논란이 없는 명백한 사실이다.[37] 우

---

36) G. Theissen/A. Merz, 『역사적 예수』, 393.
37) 예컨대: J. Jeremias, *Neutestamentliche Theologie I*, 99; J. Schröter/Chr. Jacobi(eds.), *Jesus Handbuch* (Tübingen: Mohr, 2017), 372. 그러한 사실은 공관복음서와 예수어록(Q) 전승 가운데 광범위하게 나타난다(예컨대, 눅 6:20=마 5:3; 눅 7:28=마 11:11; 눅 12:31=마 6:33; 눅 10:9=마

리 그리스도인들은 이 개념을 일상적으로 널리 사용하기 때문에 누구나 다 잘 알고 있다고 생각할 수 있으나, 정작 그 내용이 무엇인지 질문을 받게 되면 구체적으로 설명하기란 간단하지 않을 수 있다.

우리가 흔히 말하는 '하나님나라' 개념은 그리스어로 '헤 바실레이아 투 테우'(ἡ βασιλεία τοῦ θεοῦ = the Kingdom of God), 줄여서 '바실레이아'(βασιλεία)이다. 이 그리스어 개념에 상응하는, 예수가 말한 아람어는 '말쿠타'(malkuta)이며, 이것은 히브리어 '말쿠트'(malkuth)에 해당한다.[38] 이들 셈어가 가리키는 일차적인 의미는 역동적 어감을 담은 '왕의 통치'를 뜻하고, 이차적인 의미에서 왕이 다스리는 공간적 영역으로서의 '하나님나라'도 가리킬 수 있다. 오늘날 현대인이 말쿠타 개념을 올바로 이해하기 위해서는, 이 개념이 무엇보다도 하나님이 통치하는 사건을 지시한다는 사실을 항상 염두에 두어야 한다.

그런데 종교개혁자 루터가 1545년 독일어 성경전서('Die gantze Heilige Schrifft')에서 이 단어를 '하나님의 나라'(Reich Gottes)로 번역한 이후, 지금까지 현대어 성경에서 통상적으로 그와 같이 번역해 왔고, 그 결과 공간적 영역을 가리키는 의미로 이해하려는 경향이 널리 퍼졌다. 그러나 언급했듯이 이런 공간적 의미는 이차적이고, '왕의 통치'라는 의미가 본래적이다. 따라서 실상 '하나님의 나라' 대신에 '하나님의 통치'가 더 합당한 좋은 번역이다.

루터의 영향과 별도로, 일반인이 '하나님나라'라는 말을 듣게 되면 마태가 즐겨 사용한 '하늘의 나라'(ἡ βασιλεία τῶν οὐρανῶν), 즉 천국을 연상하기가 쉽다(마 3:2, 4:17, 5:3 등). 즉 하나님나라는 이 땅에서 체

10:7f). 물론 예수의 선포를 계시 언어의 형태로 묘사하는 요한복음의 경우 예수의 하나님나라 표상은 극히 일부 나타날 뿐이다(요 3:3, 5; cf. 요 18:36).

38) 바실레이아에 대응하는 셈어적 개념에 대해서는 구스타프 달만(Gustaf Dalman)의 저서 *Die Worte Jesu* (Leipzig, 1898), 75ff를 참조하라.

험할 수 있는 어떤 장소가 아니라, 죽은 뒤에나 올라가게 되는 초월적인 천국을 가리키는 개념으로 생각하기 쉽다는 뜻이다. 그러나 '천국'이란 개념은 하나님통치가 현재 전개되는 역동성보다는 미래적 통치가 드러나는 공간성을 강조하려는 마태의 관점에서 비롯된 것이다. 그에 걸맞게 마태는 "천국에 들어가다"라는 표현을 자주 사용한다(마 5:20, 7:21, 18:3, 19:23; cf. 마 7:13, 18:8, 19:17).

이런 용법은 단지 하나님의 거룩한 이름을 우회적으로 말하려는 유대 회당적 언어습관으로 이해하기보다는 바실레이아에 본질상 초월적이며 미래적인 특성을 부여하려는 마태 특유의 표현으로 보는 것이 마땅하다. 따라서 하나님나라의 현재적 역동성을 강조하는 나사렛 예수의 시각과 차이가 있음을 유념해야 한다.

보충설명

마태는 미래 종말론적인 천국 선포를 강조하기 위해 예수의 하나님나라 선포에 담긴 현재적 요소를 제거하는 경향이 있다: 예컨대, ① 마가복음 1장 15절의 평행구절인 마태복음 4장 17절에서 마태는 '회개하라'는 외침을 마가의 경우와 달리 '하나님 나라가 가까이 왔다'는 표현보다 앞에 위치시키면서 마가에 나오는 '때가 찼다'를 삭제한다. 마태복음 11장 12절, 12장 28절에 가서야 독자는 천국의 도래를 비로소 감지한다. ② 산상설교에 나오는 '천국'(마 5:3)은 심령이 가난한 자에게 약속되는데, 이는 마태복음 21장 43절과 25장 34절의 경우처럼 미래를 위해 약속된 구원의 선물이다. 마태복음 5장 4-9절에서 천국의 미래성이 더욱 분명해진다.

또한 예수의 하나님나라 선포와 관련하여 우리의 예상을 넘어선 언어적 현상도 기억하면 유익하다. 즉 예수는 하나님의 통치에 관해 말할 때 하나님을 가리켜 '왕'이라는 명사를 사용하여 부른다거나 혹은 동사나 형용사를 사용하는 방식으로 묘사하지 않고, 특이하게도 시종일관 '말쿠타'(=하나님나라/하나님통치)라는 추상명사를 선호했다는 사실이다.[39] 이와 같은 이해 위에서 예수가 언급한 '하나님나라'에 대해 좀 더 자세히 살펴보자. 이때 우리는 하나님나라와 하나님통치를 거의 동일한 개념으로 섞어가며 사용할 것이다.

■ 예수의 하나님나라 선포와 관련하여 가장 유명한 진술은 무엇보다도 마가복음 1장 15절에 나오는 진술일 것이다. 여기에서 마가는 한 문장으로 예수의 메시지를 다음과 같이 요약한다: "때가 찼고 하나님의 나라가 가까이 왔으니 회개하고 복음을 믿으라 하시더라." 여기에 나타나듯이 예수는 '하나님나라'(바실레이아)를 자신이 선포하는 메시지의 중심 개념으로 삼았다. 물론 후반절에 "회개하고 복음을 믿으라"는 진술이 있으나, 이 부분은 역사적 예수의 말씀에서 유래한 것이라기보다 초기 교회의 선교 어법에서 유래했을 가능성이 크다.[40]

---

[39] 마태는 구약 인용과 비유 가운데 하나님을 '왕'으로 묘사하는 유일한 복음서 저자이다 (마 5:35, 18:23, 22:2ff). 이는 유대적 배경을 갖고 있는 마태의 편집에서 유래한 것이다. 하나님을 '왕'으로 부르는 어법은 신약성서 이후의 시대인 랍비 유대교의 비유들 안에 광범위하게 나타난다: K. W. Müller, "König und Vater", in: M. Hengel/A. M. Schwemer(eds.), *Königsherrschaft Gottes und himmlischer Kult*, 21-43(27).

[40] 예컨대 J. Ernst, *Das Evangelium nach Markus* (Regensburg, 1981), 50. 또한 마가복음 14장 9절은 예수께서 베다니에서 한 여인으로부터 기름 부음을 받는 장면에 속하는 예수님의 말씀으로 나온다("내가 진실로 너희에게 이르노니 온 천하에 어디서든지 복음이 전파되는 곳에는 이 여자가 행한 일도 말하여 그를 기억하리라 하시니라"). 이 구절 역시 원시그리스도교 선교어의 영향을 받은 것으로 보인다.

예수가 하나님나라를 자기가 선포하는 공적 메시지의 중심주제로 전면에 내세운 것과 달리, 예수 이전 시대의 어떤 예언자도 하나님나라에 관한 주제를 핵심 메시지로 삼지 않았다.[41] 이 점에서는 세례 요한도 예외가 아니다. 물론 마태복음 3장 2절에 "회개하라 천국이 가까이 왔느니라"는 진술이 세례 요한의 메시지로 나타나고 있으나, 이것은 요한과 예수의 메시지를 완벽하게 일치시키려는 복음서 저자의 관심에서 비롯된 것이다(cf. 마 4:17). 마태는 제자들의 선포를(곧 교회의 선포를) 세례 요한의 선포와도 일치시킨다(cf. 마 10:7). 마태의 관심에 따라 세례 요한과 예수가 하나로 묶이면서, 이들과 더불어 그리스도교의 선포가 시작된다.

'하나님나라'에 상응하는 히브리어 '말쿠트'나 아람어 '말쿠타'라는 개념은 예수를 제외하면 구약성서와 고대 유대교에 걸쳐 폭넓게 사용되지 않았다![42] 구약성경에는 단지 역대기서에 '야훼의 왕적 통치'라는 표현이 다윗 왕조와 관련하여 2번 나온다(대상 28:5; 대하 18:18). 당시 유대인들에게 '하나님의 직접적인 통치'란 결코 현재에 드러나는 것이 아니라, 오직 미래에 일어날 종말 심판과 관련해서만 기대할 수 있는 대상이었다. 물론 고대 유대교, 즉 신구약 중간기 시대의 유대교에서 나온 문서들 가운데 일부 하나님의 통치에 대한 대망 및 그와 관련된 언어적 표현이 예컨대 '사해사본'(쿰란문서) 가운데 산발적으로 나타나고는 있으나, 결코 하나님나라를 중심주제로 다루지 않았다.

이와 달리 나사렛 예수는 종말론적인 하나님통치, 하나님나라를

---

41) 예컨대, J. Jeremias, 『신약신학』 (크리스챤 다이제스트, 2009), 150.
42) O. Camponovo, *Königtum, Königsherrschaft und Reich Gottes in den frühjüdischen Schriften* (Göttingen, 1984).

자기의 핵심 메시지로 내세웠다. 예수에게서 하나님나라에 관한 선포는 이미 이사야서에 선포된 "좋은 소식"을 반영한 것이다. 예수의 하나님나라 사상과 관련하여 셀 수 없을 정도로 수많은 연구가 있었고 지금도 여전하다. 그만큼 이 주제가 중요하다는 사실을 알 수 있다.

이제부터 우리는 두 가지 특징에 집중하여 예수의 종말론적인 하나님나라 사상을 요약하려 한다. 무엇보다도 다음의 두 가지 특징이 두드러진다. 첫째는 하나님나라의 '현재적 성격'이고, 둘째는 하나님나라가 지닌 '자비의 성격'이다.

① 하나님나라의 현재성

나사렛 예수 당시 유대인들은, 하나님이 이스라엘과 온 세상의 영원한 왕으로서 통치하신다는 확고한 믿음을 갖고 살았다. 그러한 믿음은 고대 유대교 안에 널리 퍼져 있었다. 예컨대 사람들은 시편을 인용하는 가운데 하나님의 통치에 대해 찬양했고(시 10:16, 44:5, 103:19, 145:13), 또한 쿰란문서에 나타나듯이(4QShirShab) 안식일 예배 참여를 통한 천상적 예배 체험에서 하나님의 통치에 관한 진술을 할 수 있었다. 하지만 하나님나라에 대한 현재적 진술은 주로 제의(Kultus), 즉 예배에 국한되었다.[43]

이처럼 고대 유대교의 지배적인 표상에 따르면 하나님나라는 단지 미래 종말론적인 소망의 대상일 뿐 현재에 드러나는 것이 아니다. 다시 말해 당시 유대인들은 세상의 종말 시기에 이르러서야 비로소 하나님은 영원한 왕으로서의 통치권을 전적으로 행사하실 것

---

43) J. Schröter, *Jesus von Nazaret* (Leipzig, 2010), 197.

이라 믿었다.

그러나 나사렛 예수의 경우 하나님나라, 하나님통치는 그의 공적 선포에서부터 소규모의 무리를 향한 가르침에 이르기까지 그의 활동 전체를 관통하는 핵심 주제였다. 당시 예수의 동시대인들이 도래하는 구원의 표적을 보기를 원했던 것과 달리, 예수는 표적 보이기를 거부하면서, 다음과 같이 사람들에게 자극적인 진술을 했다: "하나님의 나라는 볼 수 있게 임하는 것이 아니요 또 여기 있다 저기 있다고도 못하리니 하나님의 나라는 너희 안에 있느니라"(눅 17:20-21). 또한 실제 역사적 예수의 말씀에서 유래한 것이 명백한 예수의 귀신 축출 전승("내가 만일 하나님의 손을 힘입어 귀신을 쫓아낸다면 하나님의 나라가 이미 너희에게 임하였느니라" 눅 11:20 par; 마 12:27f)에서 예수가 선포하는 종말론적 하나님나라의 현재성이 잘 드러난다. 즉 역사의 끝 최후 종말에 나타날 하나님의 통치가 지금 이미 시작되었다는 것이다. 예수에게 있어 귀신 축출은 종말론적 하나님나라의 전조에 불과한 것이 아니라, 하나님나라의 도래 그 자체를 의미했다. 곧 예수는 현재를 종말론적 구원이 일어나는 전환기로 이해했다.

보충설명

종말론(Eschatology)이란? 미래에는 고난에 찬 현재를 극복하는 대전환이 이루어지리라고 소망하는 구원사적인 전망을 가리킨다. 이러한 대전환은 일반적으로 하나님의 개입을 통해 사악한 무리에게는 심판을 내리나 경건한 무리에게는 구원을 베풀어 줌으로써 성취된다. 역사가 이와 같이 전개되리라는 지식은 하늘로부터 주어진 계시에서 비롯된 것이 아니라 지금까지 전개되어 온 구원사적 역사 이해에서 얻는다. 이러한 종말론적 역사 이해에 따라 현재의 고난과 박해는 시간상 제한된 것이고 미래의 대전환은 언젠가 반드시 도래하리라고 확신한다. 하나님의 개입을 통해 미래의 마지막 날에, 종말에 대전환이 일어나리라는 소망이 종말론의 핵심을 이룬다.

예수의 현재 사역을 통해서 시작된 하나님의 종말론적 통치는 다시 돌이킬 수 없으며, 단지 소망과 예언의 대상이 아니라 바로 지금 체험 가능한 것이 되었다. 예수 당시의 유대교뿐만 아니라, 중세시대의 랍비 유대교를 거쳐 오늘날 현대 유대교에 이르기까지 유대인의 관점과 신앙에 따르면 '하나님나라', '하나님통치'는 결코 악이 판치는 역사의 현시점에는 전혀 기대할 수 없으며 오직 역사의 끝인 종말에 가서야 하나님이 직접 최후 심판을 통해 당신의 왕적 통치를 이 땅에서 구현할 것이라 믿어 왔고, 지금도 그렇게 믿고 있다.

비록 예수는 하나님의 왕적 통치에 대한 구약성서적 개념을 이용했으나, 일반 유대인들처럼 하나님이 이스라엘과 맺은 언약의 역사 속에서 때가 되면 미래의 언젠가 드러나리라는 방식으로 이해하지 않았다. 역사의 종말에 가서야 성취되리라고 유대인들이 고대하던 하나님의 왕적 통치가 지금 이 땅에서 실현되고 있다고 예수는 선포했다. 인간을 위한 하나님의 종말론적 구원이 이미 현재에 시작되었다는 사실, 즉 하나님나라가 현재 시점과 직결되었다는 사실, 바로 이 사실이 예수의 하나님나라 선포에 담긴 가장 놀랍고도 결정적인 특징이다.[44]

물론 예수의 하나님나라 선포를 공정하게 다루기 위해 약간의 보

---

[44] "예수 어록"에 속한 눅 17:20f, 11:20 par; 마 12:27f; 눅 6:20ff에서도 예수와 더불어 시작된 하나님나라의 현재성이 드러난다.

I. 나사렛 예수와 하나님나라

충설명이 필요하다. 예수가 선포한 하나님나라 메시지는 전통적인 표상에 걸맞게 미래 종말론인 시점과도 관련되어 있다. 이와 같은 사실은 예컨대 진정성을 의심받지 않는 '주기도문의 두 번째 기도'에서 잘 엿볼 수 있다. "당신의 나라가 오소서"(눅 11:2; 마 6:10)라는 간구는 구원의 영역으로서의 하나님나라가 머지않아 궁극적인 모습으로 도래할 것을 대망하는 기도이다. 하나님나라의 도래가 여기서 종말론적 인자요 심판자로서의 예수의 재림 사상과 연결되어 나타나지 않고 있다는 사실이 이 기도가 실제 나사렛 예수에게서 유래했음을 뒷받침한다.[45]

또한 하나님나라의 미래 종말론과 관련된 예수의 진술은 하나님나라에 들어가기 위한 조건에 대한 말씀들(막 9:47, 10:15, 23; 마 8:12 par, 21:31f) 혹은 죽음의 예언으로 간주되는 예수의 최후 만찬 말씀(막 14:25 par) 가운데서도 찾을 수 있다.

결국 예수의 하나님나라 선포는 현재 종말론적인 측면과 미래 종말론적인 측면을 모두 지니고 있다고 말할 수밖에 없다. 대다수 학자들은 이 점을 모두 인정하고 있다. 따라서 오늘날 학계의 지배적인 입장은 하나님나라를 이른바 '이미'(already)와 '아직 아님'(not yet)의 긴장관계에서 바라본다.[46] 즉 하나님나라가 이미 현재 이 세상 가운데 시작되었으나, 인류를 위한 최종적 구원을 뜻하는 구원의 완성은 아직 실현된 것이 아니라는 뜻이다.

---

45) 예컨대, 고전 11:26c와 마 25:31-46에 그러한 연관이 나타나는데, 그것은 초기 그리스도교의 산물이다.
46) 예컨대, W. G. 큄멜, 『약속과 성취』, 김명용 역 (한국장로교출판사, 1993); N. 페린, 『예수의 가르침 속에 나타난 하나님의 나라』, 258-280; A. Strotmann, *Der historische Jesus*, 104-109. 예수가 선포한 하나님나라의 현재성과 미래성이 다음의 구절들 안에 동시에 나타난다: 스스로 자라는 씨앗 비유(막 4:26-29), 겨자씨 비유(막 4:30-32 par; 눅 13:18f; 마 13:31f; EvThom 20), 누룩 비유(눅 13:20-21 par; 마 13:33; EvThom 96) 또한 막 1:15 par; 눅 10:9.

그러한 시각 위에서 예수의 등장과 더불어 현재 시작된 하나님나라는 미래에 있을 하나님나라의 완성에 앞서 선취적으로 주어지는 선물인 셈이다. 예수의 하나님나라 이해에 담긴 바로 '이미'의 차원이 전통적인 유대교의 하나님나라 이해와 결정적으로 차이나는 예수 선포의 독특성이다. 만일 하나님나라를 현재 시점과 관련하여 강조하지 않고 먼 미래적 시점이나 혹은 무시간적 상태의 일로만 간주할 경우 예수의 하나님나라 선포에 담긴 강력한 폭발력이 약화될 수 있다.

② 하나님나라의 자비로움

예수의 하나님나라 선포에 나타나는 또 하나의 주요한 특징은, 예수가 하나님나라를, 즉 하나님통치를 내용적으로 어떻게 이해했는지의 문제와 관련된다. 예수는 세례 요한과 마찬가지로 인간이 현재 멸망의 상태에 처해 있다는 점을 공유했다(예컨대, 눅 13:1-5, 16:1-8a; 마 18:23-34). 그러나 하나님의 심판을 전면에 내세운 요한과 달리, 예수는 현재를 무엇보다 구원의 때로 인식했다. 당시 유대인들은 하나님의 선함과 자비와 은혜를 무엇보다 열렬히 구했다. 그 이면에는 자신들이 죄인이라는 사실에 대한 깨달음이 있었고, 따라서 하나님의 자비와 은혜를 간절히 구할 수밖에 없었다. 그와 동시에 하나님을 무시하거나 악을 행하는 자들에게는 하나님의 복수와 심판이 반드시 내리기를 바라는 마음도 강렬했다.

그러나 흥미롭게도 예수의 선포에서는 '복수'에 대한 언급을 전혀 찾아볼 수 없다. 예수의 하나님나라 선포는 구원을 위한 선포로서 심지어 세리와 창녀를 포함하는 죄인들을 위한 것이기도 하다(cf. 막 2:16ff; 눅 7:34 par, 15:7, 10, 24, 32, 18:10-14, 19:7; 마 21:31). 예수의 선포는 이사야 52장 7절에 나오는 말 그대로 평화와 구원에 관한 기쁜 소식, 복음이었다.

이런 시각에서 예수의 경우 심판 선포는 절대적인 것이 아니라 하나님의 은혜(=구원)의 시간 아래에 있는 것으로 이해하는 것이 마땅하다(마 18:23-35; 눅 13:6-9, 15:11-32). 근본적으로 예수의 하나님나라 진술은, 잃어버린 이스라엘의 구원을 향한 것이다(cf. 눅 19:10). 따라서 예수의 하나님나라 메시지는 하나님의 진노가 아니라 하나님의 자비로운 통치를 전면에 내세웠다. 세례 요한이 현재를 임박한 하나님의 진노에서 달아날 기회로만 여긴 것과 달리, 예수는 현재를 하나님의 은혜와 자비가 이미 나타나는 때로 여겼다. 바로 이 점이 예수의 선포가 요한의 선포와 구분되는 가장 중요한 특징이다.

물론 예수가 선포하는 구원의 메시지가 거부되는 곳에는 하나님의 심판이 불가피하다. 그러나 예수는 결코 심판을 먼저 강조하지 않았다. 하나님나라에 관한 예수의 구원 선포를 받아들이는 모든 사람에게 예외 없이 하나님의 은혜와 자비가 선사된다는 것이 예수의 하나님나라 선포에 담긴 또 다른 특징을 이룬다.

이 특징은 하나님에 대한 예수의 묘사와도 관련이 있어 보인다. 곧 고대유대교가 '엄한 왕'으로서의 하나님을 묘사하는 '왕적 메타포'를 선호한 것과 달리(예컨대, 『솔로몬의 시편』 11:10), 예수는 '자비로운 아버지'로서의 하나님 이미지를 부각시키는 '아버지 메타포'를 선호했다. 그에 걸맞게 예수는 '하나님나라'($\beta\alpha\sigma\iota\lambda\epsilon\acute{\iota}\alpha$)에 대해 말할 때, 언제나 내용적으로만 설명할 뿐이지 결코 인격적인 개념을 가리키는 '왕'($\beta\alpha\sigma\iota\lambda\epsilon\acute{\upsilon}\varsigma$)으로서의 하나님에 대해 말하지 않는다.

◆ 다음과 같이 결론지을 수 있다: 예수는 '하나님나라'가, 즉 하

나님의 종말론적 통치가 이미 이 땅에서 시작되었으며, 하나님은 죄인 된 인간을 맹목적으로 심판하시는 무시무시한 진노의 심판주가 아니라, 잃어버린 자를 찾아 한량없는 사랑과 구원을 베푸시는 자비로운 '아바'(Abba)로서의 하나님임을 천명했다. 이처럼 예수가 선포한 하나님나라의 무게중심은, 우리나라의 많은 그리스도인들이 생각하듯이 결코 미래적이거나 초월적인 차원에 있지 않고, 현재 이 세상 한가운데 일하시는 하나님의 자비로운 통치에 있다.

따라서 죽음 이후의 천국에 대한 소망도 귀하나, 우리에게 더 중요한 것은, 현재 이 땅에서 우리의 삶 가운데에서, 성령의 인도하심에 따라 하나님의 통치를 드러내는 일이다. 예수의 하나님나라 메시지는 당시 유대교의 전통적인 경계를 넘어선 것이었다. 종말론적 하나님의 통치가 예수의 현재 사역과 더불어 시작되었다는 바로 이 지점에, 유대교와 구분되는 새로운 종교인 그리스도교가 탄생하게 된 근거가 놓여 있다고 말할 수 있다.

현재 미국에서 활동하는 학자들 사이에 예수를 지금까지 종말론의 문맥에서 이해해 온 주류학계의 해석을 비판하는 시각이 적지 않게 퍼져 있다. 그러면서 예수를 비종말론적으로 해석하려는 입장이 유행하고 있다. 예컨대 제임스 로빈슨(James M. Robinson)은 이러한 발전을 가리켜 "묵시론의 쇠퇴"라 부르면서 신약학계에 패러다임의 전환이 일어났다고 한다. 또한 마커스 보그(Marcus J. Borg)는 임박한 하나님의 개입을 예견한 예수의 종말론적 이미지에 대한 합의는 사라진 지 오래고, 예수의 사명과 메시지가 '비(非)-종말론적'이었다는 신념으로 교체되었다고 주장했다.

물론 현재 미국에서 유행하는 이런 해석은 예수의 선포를 미래적 종말이 아니라 현재와 관련하여 이해하려는 시도라는 점에서 공감할 수 있는 측면이 없지 않으나, 예수의 선포를 전적으로 비종말론적으로 바라보는 해석은 정당하지 않다. 우리가 앞에서 살펴보았듯이, 예수의 선포는 종말론의 범주를 떠나서 올바로 이해하기 어렵기 때문이다.

4. 예수가 세례 요한과 갈라선 이유

앞에서 우리는 세례 요한과 예수의 관계가 긴밀했다고 말했다. 심지어 나사렛 예수는 한동안 요한의 세례운동에 동참했을 수 있다는 학자들의 입장도 소개했다. 여기에서는 그 주제를 이어받아, 예수가 어찌하여 세례 요한과 다른 독자적인 길을 가게 되었는지의 문제로부터 시작하려 한다. 그런 다음 '예수의 성전 항쟁과 십자가 죽음'의 문제로 넘어가고자 한다.

먼저 자기의 스승 격인 세례 요한과 더불어 세상의 종말이 임박했다는 묵시적인 전망을 공유한 예수가 도대체 어떤 이유에서 요한과 갈라서게 되었을까?

세례 요한이 무시무시한 종말론적 심판 선포를 강조한 것과 달리, 예수는 무엇보다 하나님나라 선포를 전면에 내세웠다는 사실을 이미 앞에서 말했다. 이러한 관점의 차이가 예수가 요한의 무리에서 나오도록 이끌었을 것이라는 대답이 먼저 가능해 보인다. 그러나 이는 설득력이 약하다. 요한의 선포와 예수의 선포 사이에 나타나는 강조점이 확실히 다른 것은 분명하나, 두 사람의 메시지 안에는 한

결같이 하나님의 종말론적 행위의 두 측면인 '구원과 심판'이 분명히 공존하고 있다고 말할 수 있다.[47]

요한은 분명 자신의 메시지를 명확히 긍정적인 구원의 진술과 연결 짓지 않았다. 그렇다 하더라도 그는 회개의 세례를 수용한 자에게 종말론적 불 심판에서 벗어날 수 있는 길을 약속했다. 그것은 결국 구원의 길과 다르지 않다. 이런 의미에서 요한의 선포는 구원의 전망을 간접적이나마 담고 있다고 말할 수 있다. 요한과 달리 예수는 하나님나라 메시지를 전면에 내세웠다. 그리고 그것을 거부한 자에게 요한이 강조했던 종말론적 심판으로써 경고했다. 이렇게 보면 요한의 메시지와 예수의 메시지 사이에는 어느 정도의 유사성이 있다고 말할 수 있다. 따라서 예수가 요한과 갈라서게 된 근본 동기가 '전적으로' 예수의 하나님나라 선포 때문이라고 말하기가 쉽지 않다.

다른 각도에서 접근할 필요가 있다. 예수가 요한과 갈라서게 된 근본적인 이유를 우리는 예수 전승 가운데 나타나는 2가지 요소와 관련이 있을 것으로 추정할 수 있다. 즉 예수에게 일어났던 '기적 능력' 및 '사탄의 추락 체험'이 그것이다.

예수는 하나님나라에 대해 입술로 선포하는 '말씀의 사역자'일 뿐만 아니라, 동시에 하나님의 통치가 이 땅에 시작되었음을 행위로 드러낸 '행위의 사역자'이기도 했다. 그의 전체 사역은 처음부터 마지막까지 행위로 일관되었다고 말할 수 있다. 그의 행위를 가리켜 복음서 저자들은 '권세 있는 행위'(δύναμις)요, '상징'(σημεῖον)이라 불렀는데,

---

47) 미카엘 볼터가 초기 유대교의 심판 대망에 나오는 '심판과 구원'의 대립명제는 정당하지 않다는 사실을 지적한 것은 옳다. 왜냐하면 하나님의 심판행위는 언제나 구원행위이기 때문이다: M. Wolter, "'Gericht' und 'Heil' bei Jesus von Nazareth und Johannes dem Täufer", in: J. Schröter/R. Brucker(eds.), *Der historische Jesus: Tendenzen und Perspektiven der gegenwärtigen Forschung* (Berlin/New York: de Gruyter, 2002), 386.

그것은 특히 그의 행위에 동반된 기적을 염두에 둔 말이다. 예수의 기적 행위가 하나님나라 선포와 어떤 관련이 있는지 살펴보자.

1) 예수의 기적 – 현재 일하시는 하나님의 종말론적 구원행위

예수가 기적을 행했다는 사실에 대해 오늘날 학계는 이의를 제기하지 않는다. 심지어 종교학자 모턴 스미스(Morton Smith, 1915-1991)는 예수를 가리켜 기적을 행하는 "마술사"라 불렀다(Jesus the Magician: Charlatan or Son of God?, 1978). 예수와 관련된 기적 이야기들은 복음서 여기저기에 다양한 모습으로 나타난다(마태, 마가, 누가복음 외에도 요 2:1-11, 11:1-44; 또한 소년 예수의 삶을 다룬 전설로 2세기 말경에 생성된 『도마의 유년기 복음』도 참조하라).

그러나 1세기 무렵, 특정 인물과 관련된 기적 이야기가 이처럼 광범위하게 나타나는 현상은 찾아보기 어렵다. 기적의 카리스마를 가진 랍비로 기원전 1세기의 '호니'(Honi)나 기원후 1세기의 랍비 '하니나 벤 도사'(Hanina ben Dosa)의 예를 종종 언급한다. 하니나 벤 도사의 경우, 독사에 물렸어도 상해를 입지 않았으며(bBer 33a), 원격기도로 병자를 치유했고(bBer 34b), 귀신 제어 능력도 갖고 있었다고 한다(bPes 112b). 랍비문서에 나오는 이러한 전승은 적어도 수백 년이 지나서 생성된 것이라, 그 역사성을 확신하기 어렵다.

세례 요한의 경우도 마찬가지다. 세례 요한과 관련된 기적 행위에 대해 말하는 전승은 전혀 존재하지 않는다. 예수가 행한 놀라운 기적 행위들은 분명히 그가 지닌 기적의 카리스마를 드러내고, 그러한 기적을 체험한 사람들에 의해 널리 유포되어 전승된 것이 분명하다. 복음서에는 예수의 기적들이 다양한 형태로 나타난다. 기적 이야기는 3가지로 구분할 수 있다: ① 질병 치유 기적, ② 귀신 축출 기적, ③ 자연의 변화를 초래하는 자연 기적.

예수의 기적 이야기는 그의 종말론적인 하나님나라 선포와 긴밀하게 관련되었다는 점에서 다른 기적 이야기와 근본적으로 차이가 있다. 예컨대, 축귀 이야기인 '바알세불 논쟁'(막 3:22-27)에서 그러한 사실을 엿볼 수 있다. 여기에서, "예수는 귀신의 왕을 힘입어 귀신 축출을 하고 있다"는 비난에 대해 "사탄이 어찌 사탄을 쫓아낼 수 있느냐"라는 말과 더불어, 분쟁 가운데 붕괴되는 왕국과 집에 대한 비유 말씀을 통해 반박한다. 사탄이 자신의 왕국을 스스로 폐할 수 없다는 점이 명백하기에, 권세 있는 예수의 행위 이면에서 활동하는 분은 하나님과 같은 신적 세력이지 결코 사탄의 세력이 아니라는 것이다.

이와 같은 예수의 말씀에는, 사탄을 축출할 수 있는 분은 오직 하나님뿐이라는 전제가 있다. 사탄을 결박함으로써 종말론적 전투의 승리를 나타내는 표상은, 묵시문학적 전통에서 유래한 것이다. 사탄이 하늘에서 패배하였고 그의 지상 거처가 강탈당했기에, 예수는 자신의 축귀행위가 가능해졌다는 사실을 사람들에게 보여주고자 했다. 따라서 예수의 축귀행위는 단순히 사람들의 경탄을 불러일으키는 놀라운 기적 행위를 넘어서, 하나님나라의 도래를 현재 실제로 드러내는 사건이다!

예수는 자신에게 나타나는 축귀 기적의 권세를 통해, 하나님이 약속하신 종말론적 구원의 시대가 현재에 열리기 시작한 것으로 확신했다고 말할 수 있다. 예수의 기적은 당시 세계에 있었던 축귀행위와 다르다! 예수는 결코 신이나 천사의 이름을 부르지도 않고, 마술적인 주문을 외우거나 마술적인 부적이나 소품을 일체 사용하지 않고, 마술적 의식 등을 전혀 행하지 않았다. 기적 행위자의 능력을 전혀 부각시키지 않는다는 점에서 볼 때, 예수의 기적을 가능하게 한 이는 하나님이라는 사실을 암시한다.

이러한 의미에서 예수의 기적은 다름 아닌 하나님의 기적이다! 예수는 자신이 행하는 기적을 하나님이 행하시는 하나님의 기적으로 이해했을 뿐만 아니라, 이미 하나님통치가 이 땅에서 시작되었다는 사실을 구체적으로 입증하는 사건으로 받아들였다. 세례 요한이 미래 시점에 가서야 도래하리라고 믿은 전환기가 이미 일어난 것이다. 그로 인해 예수는 하나님통치의 시대가 현재에 시작되었다고 확신했다.

하나님통치 시점과 관련하여 예수와 요한 사이에 놓인 이러한 차이는 사소한 차이가 아니다. 예수의 실존 이해 및 구원관과 직결되는 심각한 차이다. 이런 차이를 감지한 예수는 더 이상 요한의 세례 공동체에 남아 있을 수 없었고, 마침내 예수가 요한의 무리에서 나와 독자적인 길을 가도록 이끌었을 것이다.

2) 사탄이 추락하는 환상 체험(눅 10:18)

예수가 독자적인 길을 가도록 유도한 또 하나의 요소가 있다. 그것은 예수가 체험한 사탄의 추락 환상이다. 이와 관련된 예수의 말씀은 누가복음 10장 18절이 유일하다("사탄이 하늘로부터 번개같이 떨어지는 것을 내가 보았노라"). 이 말씀은 역사적 예수로부터 유래한 것이다. 사탄이 하늘에서 추락하는 환상을 체험한 예수는 역사의 대전환기가 목전에 도달했음을 확신했을 것이다. 이 말씀에는 유대 묵시문학에 나오는 모티브가 사용되었다.

하나님과 하나님에게 대적하는 사탄의 세력 간에 전개되는 종말론적 전쟁에 대한 이원론적인 표상은 유대 묵시문학(Apocalyptic)에 나오는 주요 모티브 가운데 하나이다. 쿰란문서에도 그와 동일한 이원론적 모티브가 나온다. 예컨대 쿰란문서에 속하는 "전쟁 문서"(1QM) 가운데 빛의 세력과 어둠의 세력 사이에 벌어질 종말 전쟁에 관한 여러 규칙이 제시되었다.[48] 이러한 이원론적·종말론적 전쟁 모티브는 신구약 중간기 시대에 널리 알려진 모티브이다.

이 모티브와 더불어 하늘과 땅 두 차원에서 전개되는 역사관도 나타난다. 이에 따르면 천상적 사건은 지상적 사건보다 먼저 일어나며, 지상적 사건을 규정짓는 사건이다. 종말론적 전쟁을 통해 마침내 사탄의 세력이 패배하고 하늘에서 추락하게 된다(1En 10:4f, 54:3-5). 이처럼 유대교 묵시문학에 나오는 사탄의 몰락은 미래 종말의 시대에 나타날 대망을 그린 것이다.

그러나 예수에게는 묵시문학이 언급하지 않는 전적으로 새로운 점이 있다! 그것은 사탄의 몰락이 더 이상 미래에서나 일어날 사건이 아니라는 것이다. 사탄의 몰락은 하나님의 영역인 하늘에서는 이미 성취된 사건이다. 천상에서 성취된 이 승리의 사건은 지상에서 살아가는 인간의 영역에 영향을 끼친다. 그

추락하는 사탄

---

48) "전쟁 문서"(1QM)는 다음과 같이 시작한다: "빛의 자녀가 어둠의 자녀의 운명에 대항하며, 벨리알의 무리와 에돔과 모압 또한 암몬족과 아말렉족 또한 블레셋의 무리에 대항하며, 앗수르의 키팀 무리에 대항하며, 이들과 한통속인 이들을 돕는 악마들에게 대항하는 전쟁의 시작이다."

결과 현재는 더 이상 사탄이 전적으로 지배하고 있는 세상이 아니다. 이제 옛 사람들이 그토록 고대하던 하나님의 통치가, 하나님의 나라가 현재에 열리기 시작한 것이다. 그러나 땅 위에 거하는 사탄의 세력들과의 종말론적 전쟁이 아직 완전히 끝난 것은 아니다. 사탄의 세력은 여전히 여기저기서 감지되고 있고 부분적으로 작동하고 있다. 하지만 사탄의 대세는 이미 꺾였다.

아마도 예수는 이러한 전망 위에서 누가복음 10장 18절 말씀을 했을 것이다. 하늘에서 사탄의 세력이 떨어지는 환상적 체험은 예수에게 실로 놀라운 충격으로 다가왔을 것이다! 이 체험을 통해 예수는 현재에 이미 종말의 시대가 시작되었다는 놀라운 사실을 확신했으며, 나아가 그러한 확신은 예수로 하여금 하나님이 부여하신 소명, 즉 하나님나라의 선포자요 중개자로서의 소명을 갖도록 이끌었을 것이다.

이런 소명과 더불어, 자신에게 나타나는 놀라운 기적의 능력은, 예수로 하여금 더 이상 세례 요한의 운동에 머물 수 없도록 만들었고, 결국 요한의 무리에서 나와 자신만의 길을 가도록 이끌었다고 추론할 수 있다. 이렇게 보면 누가복음 10장 18절은 예수가 체험한 소명 환상을 요약하는 말씀으로 이해할 수 있다. 이와 같은 환상을 예수는 아마도 세례 요한에 의해 세례를 받는 시점에 체험했을 수 있다. 이 예수 말씀이 예수가 세례 요한과 갈라서게 되는 데 결정적인 동기로 작용했을 것으로 간주된다.

5.
예수의 메시아적 자의식 문제

　예수의 메시아적 자의식 문제는 글자 그대로 나사렛 예수의 내면 의식을 묻는 질문이기에 실상 명백히 밝히기 어려운 주제이다. 그러함에도 역사적 예수의 정체성을 밝히려는 학자들의 주요 관심사에 속한 주제이기에 독자들에게 간단히 소개하려고 한다. 나사렛 예수가 메시아적 자의식을 가졌는지의 질문은 그의 생애와 가르침을 파악하는 일과도 직결되어 있다. 이런 의미에서 이 질문은 수많은 학자들에 의해 꾸준히 제기되어 왔으며, 또한 많은 논란 가운데 있다. 크게 2가지 상반된 입장으로 나눌 수 있다.[49]

1) 예수는 자신을 메시아로 여기지 않았다는 입장

　종교사학파의 거장 브레데(W. Wrede, 1859-1906) 이후 오늘에 이르기까지 여러 학자들이 표방하는 입장이다. 예수는 본래 메시아 자

---

[49] 2가지 입장과 관련하여 필자의 글 "성서적 신학의 주제로서 메시아", in: 장흥길 편, 『성서적 신학의 관점에서 바라본 신약신학의 주요 주제』(한국성서학연구소, 2012), 118-119 참조.

의식을 갖고 있지 않았을 뿐만 아니라 그것을 주장하지도 않았다는 것이다. 예수에 대한 전승들은 원래 예수의 메시아성에 대해 아는 바가 없었는데, 나사렛 예수에 관한 부활 이전 전승과 부활 이후 형성된 승천한 하나님 아들에 관한 전승 사이에 놓인 심각한 모순을 해결하기 위해 초대교회가 예수 부활에 근거하여 예수를 뒤늦게 메시아로 선포했다는 것이다.

이러한 입장을 공유하는 루돌프 불트만(R. Bultmann, 1884-1976)은, 예수가 메시아로 고난받아 죽었다는 시각은 수난이야기에 담긴 '교리적 모티브'에 속한다고 여기면서 다음과 같이 결론지었다.

> "전통적 메시아사상을 감안할 때, 예수의 삶과 활동이 메시아적인 것이 아니었다는 사실에 대해 공관복음서 전통은 의심할 여지를 주지 않는다…예수는 왕이 아니라 예언자와 랍비-굳이 첨가하자면 귀신 쫓는 자로서 등장했다. 유대교의 표상에서 메시아의 특징인 권세와 영광의 어느 것도, 예수의 생애에서 실현되지 않았다"(『신약성서신학』, 24-25).

> "나의 견해는, 우리가 예수의 생애와 인격에 대해서 거의 아무것도 알 수 없다는 것이다. 그리스도교 자료들은 거기에 관심도 없을 뿐만 아니라, 매우 단편적이고 또한 전설에 싸여 있기 때문이며, 또한 예수에 대한 다른 자료들이 존재하지 않기 때문이다" (*Jesus*, [4]1970, 10).

불트만의 제자 귄터 보른캄(G. Bornkamm, 1905-1990)도 대체로 스승의 입장을 따르면서, 예수는 결코 자신을 메시아로 부르지 않았으나, 초기 그리스도교 신앙에 의해 뒤늦게 주님의 말씀에 메시아 칭호가 삽입된 것으로 여긴다(*Jesus von Nazareth*, ¹³1983, 157). 샌더스(E. P. Sanders)도 예수가 자신을 메시아로 여기지 않았다는 점에 동의하면서, 예수는 분명히 하나님나라에 대해 가르쳤고 자칭 왕으로 처형되었으나 메시아 칭호 사용은 주저했다고 한다. 그러면서 예수는 오직 하나님만을 참된 왕으로 여겼기 때문에 자신을 왕적 존재가 아니라 왕이신 하나님의 "대리자"(viceroy)과 같은 존재로 이해했을 것이라 한다(*The Historical Figure of Jesus*, 1993, 248).

제임스 던(James Dunn) 역시 예수에게 중요한 것은 하나님나라 선포이지 선포자의 자기 정체는 부차적인 문제였다고 말한다. 그러면서 예수는 자기의 선교사역에 오해를 낳기 쉬운 왕적 메시아 칭호가 자기에게 적용되는 것을 거부했고, 오히려 '하나님의 종말론적 대리자'로서 자신을 이해했으리라 추측한다(『예수와 기독교의 기원(하권)』, 294, 367f).

2) 예수는 자신을 메시아로 여겼다는 입장

이 입장도 널리 퍼져 있다. 닐스 달(N. Dahl)은 브레데의 관점을 비판하면서, 메시아로서의 예수의 중요성을 강조한 초기 그리스도인들의 신앙고백을 가장 잘 설명해 주는 것은 예수가 자신을 메시아로 주장하다가 십자가에 못 박혀 죽은 사건이라고 역설했다.[50] 이와 동일한 선상에서 마르틴 헹엘(Hengel)과 톰 라이트(Wright)는, 신약성서 자체에 근거하여 볼 때 예수는 토라의 참된 해석자이며 지혜의 참된

---

50) N. A. Dahl, "Der gekreuzigte Messias", in: H. Ristow/K. Matthiae(eds.), *Der historische Jesus und der kerygmatische Christus* (Berlin: Evangelische Verlagsanstalt, 1960).

교사로서 이스라엘의 운명을 절정에 도달하게 한 메시아적 전권을 소유한 자였음이 분명하다고 한다.[51]

종말론적 하나님 백성의 대표자로서 12제자단을 세운 것과, 예수 죽음의 직접적인 원인으로 간주되는 성전정화사건은 분명히 메시아적 행위였으며, 또한 나귀를 타고 예루살렘에 입성하는 장면을 고려할 때 예수는 스가랴서 9장 9절의 의미에서 메시아적 자의식을 갖고 있었다는 것이다. 그러나 예수의 메시아적 자의식은 당시 대중적인 메시아적 기대와는 달리 "놀라울 정도로 새로운 패턴으로 엮어 짠 예수 자신의 하나님나라 과제를 중심으로 재정의된 메시아직에 대한 주장이었다"라고 한다.

브라운(R. E. Brown)은, 예수의 제자들이 예수를 메시아라고 고백했을 가능성이 아주 크고 예수도 그것을 거부하지 않았으나 사람들이 기대하는 의미로서의 메시아 칭호를 수용하지는 않았을 것이라고 여긴다(『신약성서 그리스도론 입문』, 103). 로핑크(G. Lohfink)는, 메시아 칭호가 자신에게 사용되는 것을 예수가 꺼렸을 것이라고 말한다. 예수는 그 칭호로 인해 이스라엘을 모으는 자신의 사역이 젤롯당의 저항운동으로 해석되는 것을 원치 않았으며, 더 나아가 메시아 칭호는 예수의 파송과 관련된 위엄과 겸손의 비밀을 설명할 수 없다는 이유에서다.

아무튼 예수는 뒤늦게 유대 공회에서 심문받을 때 자신을 메시아로 밝혔으리라 한다. 그러하지 않았다면 초기 교회에서 일어난 그리스도론의 급속한 발전을 전혀 이해할 수 없으리라고 한다.[52] 이와

---

51) M. Hengel/A. M. Schwemer, *Der messianische Anspruch und die Anfänge der Christologie* (Tübingen, 2001), 1-80; N. T. Wright, 『예수와 하나님의 승리』, 박문재 역 (CH북스, 2004), 727-819.
52) G. Lohfink, *Jesus von Nazaret*, 442-445. 로핑크, 『예수 마음 코칭』 (생활성서사, 2015).

같이 서로 상반된 입장이 오늘날 팽팽히 맞서 있다.

▶오늘날 대다수 신학자들은 나사렛 예수가 비범한 자의식의 소유자였으리라는 사실을 인정한다. 그러면서 그 자의식을 가리켜 이른바 '메시아적 자의식'이라 부르기를 선호한다. 예수는 하나님나라의 도래를 선포하는 자신의 사역을 하나님의 현재적 임재를 중개하는 사역으로 이해했다는 점에서 그가 메시아적 자의식을 가졌으리라는 추론이 가능하다.

그런데 문제는 예수가 어떠한 성격의 메시아적 자의식을 가졌는지에 달려 있다. 2가지 관점에서 이 문제에 접근할 수 있다: 먼저 내부적 관점, 즉 예수 자신의 관점에서 다가갈 수 있다. 메시아 칭호는 예수의 말씀 전승(Q)에 거의 나오지 않는다는 사실에서 예수는 자기 자신을 메시아로 내세운 것 같지 않아 보인다.[53] 하지만 하나님나라 선포자로서의 자신의 독특한 역할을 드러내기 위해 메시아 칭호 대신 '인자'(=사람의 아들) 칭호를 예수가 사용했음은 분명하다.

그런데 훗날 초기 교회가 메시아(=그리스도) 칭호와 인자 칭호를 예수의 죽음, 부활, 재림과 연결하면서 그 죽음에 구원론적인 해석, 즉 예수의 죽음은 우리의 구원을 위한 죽음이었다는 해석이 포함된다.

다른 한편 외부적 관점에서도 접근할 수 있다. 즉 신구약 중간기 시대의 메시아 대망의 문맥에서 예수의 사역을 평할 수 있다. 예수 자신은 전통적인 메시아 칭호에 담긴 정치적 함의 때문에 그 칭호가 자기에게 적용되는 것을 꺼렸으나, 당시 유대인들은 명백히 다윗 자손의 메시아라는 정치적 메시아 대망 위에서 예수를 바라보았다. 그

---

53) 메시아(그리스도) 칭호가 예수의 입을 통해 나오는 경우는 거의 없다. 다만 예외 구절이 있다(막 9:41; 마 16:20, 23:10; 눅 4:41, 24:26).

런데 치욕의 십자가 처형을 당한 예수의 실제 삶에 직면하여 사람들은 그런 정치적 메시아 대망을 수정할 수밖에 없었다.

왜냐하면 전통적인 메시아 표상에 따르면 메시아는 실패를 모르는 막강한 권세자이지 나사렛 예수처럼 십자가형을 받아 힘없이 처형된 자는 진짜 메시아일 수 없기 때문이다. 따라서 훗날 예수의 추종자들은 예수의 사역을 전통적인 유대 메시아 대망에 비추어 이해하지 않고 인간을 향한 하나님의 자비의 관점에서 새롭게 해석한 것으로 이해할 수 있다.

보충설명

유대교의 전형적인 메시아상은 『솔로몬의 시편』(Psalms of Solomon) 제17편에 잘 나타난다. 18편의 시편을 담고 있는 이 작품은 대략 BC 1세기 팔레스타인 유대교에서 유래한 것이다. 제17편 중 핵심 부분만 소개하면 다음과 같다.

"[21]주여, 보소서. 당신의 종 이스라엘을 다스리기 위해, 오 하나님, 당신께서 선택한 시기에 그들의 왕 다윗의 아들을 세워 주소서. [22]그를 강직함으로 무장시켜 불의한 영주들을 쳐부수고, 예루살렘을 짓밟는 이방민족들로부터 이를 정화시키소서. [23]지혜와 공의 가운데 죄인들이 상속받지 못하게 하고, 죄인의 오만을 도공의 질그릇처럼 깨뜨리고, [24]쇠방망이로 그들의 모든 근거를 쳐부수고, 당신 입에서 나오는 말씀으로 포악한 이방족들을 섬멸시키고, [25]그가 위협함으로써 적을 그의 면전으로부터 내쫓고, 죄인들을 그의 마음속 말로 훈육시키소서. [26]그리하여 그는 공의로 인도할 거룩한 백성을 모을 것이고, 그의 하나님 주님에 의

하여 거룩해진 백성의 지파들을 심판하리라. ²⁷또한 그는 불의가 그들 가운데 거하는 것을 허락하지 않을 것이며, 사악하다고 알려져 있는 어느 누구도 그들과 함께 거하지 못하리라. ²⁸또한 그는 (가나안) 땅 위의 지파 사이로 그들을 분배할 것이며, 어떠한 이방인이나 외국인도 그들 가운데 거하지 못하리라. ²⁹그는 이방민족과 이방족속들을 그의 정의의 지혜로써 심판하리라. ³⁰또한 이방민족이 그의 굴레 아래에서 그를 위해 부역하도록 하리라. 그는 온 세상이 보는 가운데 주님을 영화롭게 할 것이며, 예루살렘을 처음과 마찬가지로 영화롭게 정화하리라. ³¹그리하여 그의 영광을 보러 이방인들이 땅 끝으로부터 올 것이며, 그의 피곤에 지친 아들들을 선물로써 수반하리라. ³²또한 그는 하나님으로부터 가르침을 받은 공의로운 그들의 왕이다. 그가 다스리는 동안 그들 가운데에 불의가 없네. 그들 모두가 성스럽고, 그들의 왕은 주님의 메시아이기 때문이네"(PsSal 17:21-32).

여기에서 잘 나타나듯이 유대교의 전형적인 메시아는 두 가지 역할을 행한다. 첫째는 이스라엘의 모든 적대세력을 물리치는 '군사 지도자' 역할이고, 다른 하나는 불의한 자들을 하나님의 공의로 다스리는 '심판가' 역할이다. 다시 말하면 유대인이 대망하는 메시아는 막강한 군사적 힘과 왕적 권세를 지닌 다윗 가문 출신으로 이스라엘의 모든 원수를 섬멸시키고 이 땅에 하나님의 평화와 공의를 실현하는 한 인물이다. 이러한 전통적인 메시아 표상은 나사렛 예수의 삶과 어울리지 않는다.

마지막으로 타이센/메르츠가 예수의 메시아적 자의식 문제와 관련하여 제시한 공감을 불러일으키는 간단명료한 요약을 소개하면서 이번 장을 마치려 한다: "예수에게 메시아적 자기이해는 있었지만 메시아 호칭은 없었다. 예수는 자신의 추종자들과 민중에게 메시아 대망을 불러일으켰고, 그것 때문에 왕을 사칭한 사람으로 몰려 죽임을 당했다. 부활 이후 예수의 제자들은 예수에게 새로운 메시아적 위엄을 부여했으며, 예수는 고난받은 메시아로 기억되었고, 그의 죽음은 구원의 의미를 지니게 되었다"(『역사적 예수』, 762).

이제 새로운 주제로 넘어가자. 나사렛 예수는 유대교의 전통적 예배에 대해 어떤 태도를 견지했을까?

II.

유대교 예배에 대한
예수의 태도

'제의'(Kultus)란 개념은 한 종교의 정체성을 드러내는 가장 명확한 표징이다. 이 개념은 현대인에게 친숙한 '예배'라는 용어로 바꿔 부를 수 있다. 한 사람이 예배에 대해 얼마나 멀리 혹은 가까이 있느냐에 따라 그가 속한 종교에 대한 친밀감 내지는 거리감을 가늠해도 좋을 것 같다. 결국 예배문화에 대한 입장은 그 사람의 경건성과 무관하지 않다.

이런 시각에서 유대교 예배에 대한 예수의 태도를 이해하는 것은 예수의 '경건성' 이해와 관련된다. 그것은 곧 나사렛 예수는 어떤 성향의 경건성을 소유한 자인지를 가늠할 수 있도록 이끈다. 경건성이란 단어는 광범위한 의미를 함의하고 있는 말이기에 한마디로 정의하기 쉽지 않다. 한 사람의 경건성은 여러 각도에서 이해할 수 있겠으나, 여기서 필자는 예수의 경건성을 당시 유대교 예배문화 전반에 대해 취한 그의 태도 및 그 태도의 저변에 깔린 마음 자세와 관련시켜 말하고자 한다.

예수는 당시 유대 사회가 지향하는 경건성과 종종 의도적으로 충돌하는 행위를 했고, 그로 인해 당시 유대교의 경건을 대표하는 자들(예컨대, 바리새인들)과 심각한 마찰을 불러일으키곤 했다. 여기서 질문이 나온다. 어찌하여 예수는 그런 충돌을 자처했으며, 그 충돌의 이면에서 예수가 진정 의도한 것은 무엇인지에 대해 살펴보려고 한다. 그리하여 나사렛 예수의 말씀과 행위 이면에 담긴 그의 의도를 우리가 좀 더 구체적으로 이해할 수 있으리라 전망한다.

1. 예수와 유대교 사이의 관계

예전에는 나사렛 예수의 특이성을 강조하기 위해 예수를 유대교로부터 떼어내려는 시도가 종종 있었다. 그러나 지난 200년 동안의 역사비평적인 예수 연구를 통해 나사렛 예수는 유대교에 속한 인물이었으며, 사후에 비로소 그리스도교의 설립자가 되었다는 사실이 분명해졌다. 이 점은 예컨대 저명한 구약학자 율리우스 벨하우젠(J. Wellhausen, 1844-1919)의 유명한 진술, "예수는 그리스도인이 아니라 유대인이었다!"에서 잘 드러난다. 역사적 예수 이해와 관련해 정곡을 찌르는 말이 아닐 수 없다.

율리우스 벨하우젠

따라서 오늘날 예수가 유대인이었는지는 더 이상 논란거리가 아니다. 오히려 예수가 유대교 안에서 어떤 위치를 점유한 인물이었는지가 논란 중이다. 예수는 유대교의 경계선에 서 있던 "주변부 유대인"[54]이었는가? 아니면 그 중심에 속한 인물이었는가? 혹은 그는 보편적인 유대교의 대변자였는가? 아니면 특정한 유대인 공동체의 대변자였는가? 혹은 갈릴리 지역에 전형적인 기적의 카리스마를 가진 유대인이었는가? 아니면 젤롯당과 같은 정치적 혁명을 기도한 유대인이었는가? 이러한 논란 중에도 많은 이들이 공감하는 입장은, 나사렛 예수는 '주변부 유대인'이라기보다 오히려 전적으로 유대교적 정체성을 지닌 인물이었다는 사실이다.

이런 관점에서 보면 예수가 동시대 사람들과 빚었던 갈등은 명백히 유대교 내부에서 일어난 일로 바라보는 것이 정당하지, 유대교에 대적함으로 인해 빚어진 갈등이라 말하기 어렵다. 예수는 유대교의 경계선을 넘어 어떤 새로운 종교의 탄생을 꾀한 인물이 아니라, 유대교 내부에서 개혁운동을 일으킨 인물이었기 때문이다. 예수가 예컨대 토라의 전통 및 예루살렘 성전과 갈등을 빚음으로써 유대교의 중심축을 건드렸다면, 이는 다름 아닌 예수가 유대교의 중심부에 속했다는 사실을 역으로 입증한다.[55]

이런 시각을 가지고 유대교를 구성하는 핵심 요소인 '예배 및 경건의 질서'에 대해 예수가 어떤 태도를 지녔는지를 다루고자 한다. 먼저 예수 당시 유대교가 추구한 경건의 이상에 대해 간단히 살펴보자.

---

54) 역사적 예수 연구가로 유명한 마이어는 예수를 이처럼 규정한다: John P. Meier, *A Marginal Jew: Rethinking the Historical Jesus*, 4 Vols. (New York: Dounleday, 1991-2009).
55) G. Theissen, *Die Religion der ersten Christen* (Gütersloh: Kaiser, 2000), 62. 우리말 번역: 『기독교의 탄생』(대한기독교서회, 2009), 84.

2. 예수 당시 유대교 종파들이 추구한 경건성

1) 사두개파

옛적부터 대대로 계승된 예루살렘 고위 제사장층이 사두개파의 핵심을 이룬다. 그리고 이들 주변에 있는 다른 일반 귀족들도 사두개파에 합세하였다.[56] 이 표현은 다윗 시대에 영향력이 컸던 제사장 '사독'(삼하 15:24 이하, 17:15, 19:11; 왕상 1:32 참조)이란 사람의 이름에서 유래한다. 이들이 추구한 삶의 경건성은 기본적으로 성전 제의 및 그와 관련된 정해진 규칙들을 향했다. 모세 5경이라 불리는 '토라'에 나오는 제의 질서를 지키는 일을 다른 무엇보다 중요하게 여겼다. 그러한 삶을 이어갈 때 하나님이 당신의 백성인 이스라엘과 함께하며 구원을 보증한다고 믿었다.

당시 유대 사회를 이끈 최고 권력기관인 산헤드린의 의장직을 사두개파 대제사장이 대대로 맡았을 뿐만 아니라 산헤드린의 절대 다

---

56) 유대교 종파와 관련하여 필자의 졸저, 『유대교와 헬레니즘』 (한국성서학연구소, 2011), 51-81 참조.

수를 이들이 차지했다. 따라서 이들은 유대 사회의 종교, 정치적 실세였고, 그에 걸맞게 이들의 사고방식은 현실적이었다. 다른 한편 이들이 가장 중요하게 여긴 것은 모세 5경이다. 이 안에는 미래의 구원을 향한 대망이나 죽은 자들의 부활 사상 같은 것이 나타나지 않기 때문에, 종말론을 포함한 신학적 사변과 거리를 두었다. 예수는 이들에게 다가가려 하지 않았음이 분명하다. 예수가 그들과 접촉한 경우를 전하는 복음서 전승은 죽은 자들의 부활 논쟁과 관련된 마가복음 12장 18-27절이 유일하다.

2) 바리새파

이들은 율법에 충실한 경건한 자들을 뜻하는 '하씨딤'에서 비롯된 무리이다. '바리새파'라는 명칭은 기원전 2세기 중엽 '의의 교사'가 주도한 에센파 연합체에 동참하기를 거부한 '하씨딤'의 한 무리를 비난조로 '분리주의자'라고 부른 데서 유래한다. 이런 부정적인 의미가 훗날 율법을 잘 지키지 않는 속된 백성들과 '구분된 자'라는 긍정적인 개념으로 바뀐다.

바리새파는 토라를 절대적으로 신뢰했으며, 토라에 합당한 공동체의 삶을 살아가는 일을 중요하게 여겼다. 그렇게 해야 이스라엘은 하나님에 의해 성화된 거룩한 백성이 될 수 있다고 믿었다. 그들이 추구한 제의적 정결은 성전 예배에 국한되지 않고 일반 백성의 일상적인 삶에도 해당한다고 확신했다. 따라서 일상적 삶의 모든 경우에 토라가 적용하도록 만드는 섬세한 율법 해석이 필요했다. 그 결과 '기록된 토라'로 불리는 모세 5경을 보충하는 것으로 하나님에 의해 승인된 이른바 '구전의 토라'를 탄생시켰다. 이것은 모세 5경과 별도로 조상 대대로 구전으로 전해 내려온 율법 관련 해석인데, 이를 가리켜 '할라카'(Halacha)라 부른다.

바리새파는 이런 할라카 전통을 일상에서 이루는 것을 경건의 목표로 삼았다. 이 할라카를 어떻게 삶에 적용할지를 둘러싸고 토론을 벌이면서 서기관 계층이 발전했다. 그리하더라도 바리새파는 서기관만을 위한 종파는 아니고 일반 백성을 위한 종파였다. 특히 종말에 있을 죽은 자의 부활과 임박한 구원의 대망이 바리새파의 특징이다. 바리새파는 예수 시대에 가장 규모가 큰 종파였으며, 당시 유대 백성에게 커다란 영향력을 끼친 민간 경건운동이었다.

예수는 상대적으로 바리새파와 가장 가까웠다고 말할 수 있다. 신약성서에 따르면 바리새파는 예수를 가장 격렬하게 대적한 종파로 나오는데, 이것은 이들이 예수를 향해 남다른 관심을 보였다는 사실을 반증한다. 예수와 바리새파의 관계는 양면적이었다. 한편으론 부활과 영의 존재에 대한 믿음을 공유했으나, 반면 심각한 갈등도 있었다. 예수는 바리새파가 특히 중시했던 구전의 토라인 '조상들의 전통'(=할라카)을 신성불가침한 것으로 여기지 않고 비판했기 때문이다.

3) 젤롯당

젤롯당(=열심당)은 유대전쟁 때(66-73년) 로마의 지배에 격렬하게 항거한 극단적인 저항운동의 선봉에 섰던 사람들이다. 그 명칭은 로마에 대항하는 저항운동가의 역할을 드러내는 영예의 칭호로서 스스로 지은 명칭으로 보인다. 젤롯당은 이미 그 이름에서도 나타나고 있듯이 무력행위도 불사하는 과격한 행동집단이었다. 신약성서에

"강도"(막 15:27 par) 혹은 "자객"(행 21:38)이라는 부정적인 명칭으로 불리는 사람들이 나오는데 젤롯당을 가리키는 것으로 보인다.

유대 역사가 요세푸스는 이 종파를 바리새파, 사두개파, 에센파에 이어서 "네 번째 철학파"로 언급하는데, 무력적인 성향만 제외하고서는 이들의 가르침이 바리새파의 것과 일치한다고 전한다(Ant. XVIII,23). 이를 통해 젤롯당이 바리새파와 깊이 연관된 종파임을 알 수 있다.

그러나 바리새파와 갈라지는 지점은 그들의 극단주의였다. 바리새파가 급격한 헬라화로 이스라엘의 경건의 질서가 파괴되는 위기 상황 가운데서도 과격한 행동주의를 꺼린 채 단지 전통을 고수하는 일에만 빠져 있는 데 불만을 품은 사람들이 바리새파를 이탈하여 세운 과격당을 가리킨다. 이들이 추구하는 경건성은 불법한 이방인의 정치적이며 제의적 통치를 제거하고 이스라엘의 유일한 왕이신 하나님의 통치를 실현함으로써 이스라엘을 갱신하는 데 있었다.

4) 에센파 / 쿰란공동체

쿰란문서가 발견되기 전까지 에센파는 바리새파의 빛에 가리어 보잘것없는 한 작은 종파로 간주되었다. 그리하여 예루살렘으로부터 물러나 황량한 광야로 들어가 세상과 단절된 삶을 영위했던 공동체로서 수도원에 비교할 수 있는 유별난 종파로만 여겼다. 신약성서가 에센파를 전혀 언급하지 않고 있는 점도 그런 오해를 키우는 데 일조했다.

그러나 1947-1956년 사이에 에센파가 동굴들 속에 숨겨 둔 다량의 문서가 '키르벳 쿰란' 인근에서 발견되면서 사정이 완전히 바뀌었다. 다른 종파들이 남긴 문서가 전혀 없는 것과 달리, 쿰란문서를 통해 오늘날 우리는 에센파에 대한 상세한 내용에 접할 수 있게 되었다. 특히 새롭게 드러난 점은, 그동안의 시각과 달리 에센파 역시 당시 유대교의 주류에 속하는 중요한 종파였다는 사실이다.[57]

사해 북서쪽에서 발견된 쿰란 에센파 유적지

에센파는 기원전 2세기 중엽 마카비 가문에 의해 축출된 대제사장 출신의 '의의 교사'라는 사람에 의해 설립된 종파로서, 자신들의

---

[57] H. Stegemann, *Die Essener, Qumran, Johannes der Täufer und Jesus*, 364: "예수 시대뿐만 아니라, 훨씬 넘어 랍비 시대에 이르기까지 그들은 팔레스타인 유대교의 대표자였다." 또한 H.-J. Farby, "Qumran", in: *LThK* 8 (1999), 784.

2. 예수 당시 유대교 종파들이 추구한 경건성

공동체를 전체 이스라엘을 대표하는 지상에 하나밖에 없는 유일한 하나님의 언약 공동체로 이해했다. 마지막 날이 다가왔다는 종말론과, 율법 규정에 합당한 삶을 살아야 한다는 정신이 에센파 정신세계의 중심을 이룬다.

그와 더불어 그들이 추구한 경건은 사두개파의 경우와 유사하게 성전과 성전에서 행해지는 제의적 질서를 향했다. 그러나 사두개파가 성전 질서를 이용하여 자신들의 기득권 수호에 관심이 많은 것과 달리, 에센파의 경우 조상 대대로 내려온 경건의 질서를 그대로 보존하려는 종교적 성향이 더욱 강했다. 에센파의 신앙세계가 갖는 특징을 다음과 같이 요약할 수 있다.

① **예정론**: 에센파는 전능하신 하나님이 만물을 창조하기에 앞서 모든 것을 사전에 규정해 놓았고 모든 것이 하나님의 뜻에 따라 일어난다고 믿었으며, 또한 하나님은 우주를 자신의 뜻에 따라 창조했을 뿐만 아니라 피조물과 동행하시길 원하신다고 믿었다. 이와 같은 에센파의 예정론은 동시대인들에게 독특한 것으로 비쳐졌다.

에센파의 예정론은 두 가지 존재 방식과 연관이 있다. 빛의 길과 어둠의 길, 즉 선한 사람의 길과 악인의 길이 그것이다. 온 세상은 이 두 가지 길로 구분될 뿐 제3의 길이란 존재하지 않는다. 천사들과 인간들이 두 진영으로 갈라져 서로 끝없는 전쟁을 하나, 하나님의 종말 심판을 통해 빛의 자녀들이 어둠의 자녀들을 제압하고 승리함으로 종식된다(1QS 3:13-4:26).

② **인간론과 구원론**: 에센파는 인간을 하나님의 영광과 대비시키는 가운데 철두철미 죄에 빠진 하찮은 피조물로 이해한다. 따라서 인간은 하나님의 인도와 자비를 필요로 하는 존재이다. 에센파

의 한 문서인 "공동체 규율서"에 다음과 같이 말한다: "나는 악한 인간에, 사악한 육신의 무리에 속하네. 나의 악행, 나의 불법, 나의 죄 그리고 나의 못된 마음이 벌레와 어둠 속에서 거니는 자들의 공동체에 속하네. 왜냐하면 나의 길은 인간에게 속해 있기 때문이네"(1QS 11:9f).

이와 같은 인간은 하나님의 계시를 받아 책임 있게 관리할 과제를 안고 있으며, 제의적 정결함과 토라에 순종하는 삶을 살아야 할 과제를 안고 있다. 에센파는 자기의 종파만이 종말의 최후 심판에서 살아남을 수 있다고 확신했고, 이방인뿐만 아니라 에센파와 적대관계에 있던 바리새파, 그리고 비에센파 사람들이 모두 종말 심판 때 멸망하리라고 믿었다. 인간이 구원에 이르는 길은, 종말의 언약 공동체인 에센파에 가입하여 하나님의 뜻에 합당한 온전한 삶을 살며 천사들과 함께하는 하늘 예배에 참여함에 있다고 믿었다.

③ **종말론과 성서해석**: 에센파가 존재하기에 앞서 팔레스타인 유대교에는 임박한 종말의식이 널리 퍼져 있었다. 기원전 164년에 기록된 묵시록인 다니엘서 혹은 다니엘서와 거의 동시대 산물인 쿰란 사람들의 전승물로 간주되는 "전쟁문서"(1QM)를 통해 그와 같은 사실을 확인할 수 있다.

쿰란문서를 통해 새롭게 드러난 사실은, 에센파의 설립자 '의의 교사'는 자신이 처한 현 시대를 역사의 마지막 단계로 보는 가운데 처음으로 성서 예언자들의 진술을 현재적 사건에 적용시켰다는 데 있다.[58] 그는 하나님의 종말 심판과 이스라엘을 향한 구원의 시작을

---

58) 에센파가 남긴 〈하박국 주석서〉는 의의 교사와 관련하여 다음과 같이 말한다. "하나님이 그(=의의 교사)의 마음에 지식을 수여하셔서, 당신의 종 예언자들의 모든 말을 해석하도록 했으며, 그들을 통해 하나님은 당신의 백성과 당신의 땅에 일어날 모든 일을 선포하였다"(1QpHab 2:8-10).

자기 시대에 체험하리라 믿었으나, 기원전 110년경에 죽는다. 훗날 에센파는 종말 사건의 도래가 지연되고 있다고 생각하여 종말 도래의 날을 후대로 연기시킨다.

에센파는 종말 심판에 대한 구체적인 표상을 갖고 있었다. 온 세상이 혹은 개개인이 불구덩이 안으로 녹아 없어지는 우주적 대환란(1QH 3:19-36; 1QpHab 10:5)의 시기는 7년 동안 걸린다고 보는 시각이 있는 반면(11Q Melch 2:4-14), 40년 동안 지속되는 보다 긴 과정으로 여기는 표상도 있다(1QM 2:6, 2:9). 종말의 드라마가 전개되는 동안 악의 세력은 점차 감소하고, 그에 비례하여 선의 세력은 증가하게 된다. 이러한 종말 드라마 과정을 통해 이스라엘은 악한 세력을 멸절시키고, 그리하여 영원한 구원의 시대가 오리라고 믿었다.

의의 교사를 통한 종말론적 성서해석의 유산을 물려받은 에센파는 자신들이 처한 시대를 성서 예언자들이 예언한 종말의 시대로 믿는 가운데, 자신들의 나아갈 길이 성서에 기록되었다고 여겨 성서 연구에 매진하면서 여러 주석서를 남겼다.

④ 예배: 에센파는 악의 세력이 절정에 달한 시대에 살고 있다고 믿었기에 하나님을 찬양하는 예배의 중요성을 강조했다. 자신들의 예배 가운데 하늘의 제의에 참여하는 천사들이 함께하고 있다고 믿었다. 에센파는 예루살렘 성전이 마카비 가문이 벌인 불법적인 대제사장직 찬탈로 인해 더럽혀졌다고 여겨서 성전의 희생제사에 참여하기를 거부했고, 자신들의 공동체를 일종의 '성전'으로 이해했다.[59] 동물을 바치는 희생제사는 드리는 대신 '입술의 제물'인 기도와 찬양

---

59) 쿰란공동체를 성전으로 보는 것과 관련하여: G. Jeremias, *Der Lehrer der Gerechtigkeit* (Göttingen, 1963), 245-249; G. Klinzing, Die *Umdeutung des Kultes in der Qumrangemeinde und im Neuen Testament* (Göttingen, 1971), 50-93.

을 통해 하나님을 경배했다: "범죄의 죄와 불순종의 죄를 속죄하기 위해, 번제의 살코기나 희생제의 기름보다 나은 이 땅을 위한 열망을 위해, 규정에 따라 입술로 드리는 헌제는 정의의 향내와 같으며, 온전한 삶은 흡족하고 자유로운 선물과 같다"(1QS 9:4-5).

⑤ 메시아 대망: 자신들이 종말의 시대에 살고 있다고 확신한 에센파는 그에 걸맞게 강한 메시아 대망을 지녔다. 그런데 이들은 단일한 메시아 표상이 아니라, 복수형의 메시아 표상을 가졌다. 하나님은 종말의 시대에 "빛의 자녀들"(=에센파)이 최후의 승리를 쟁취하기 위해 위대한 지도자의 역할을 할 세 종류의 종말론적 메시아(한 예언자; 아론의 메시아(=제사장적 메시아); 이스라엘의 메시아(=다윗 가문 출신의 왕적 메시아))를 파송하리라고 믿었다.

3. 예수의 근본적 태도 - 예속과 자유

이제 신구약 중간기 시대의 유대교가 추구해 온 경건의 질서를, 특히 예배문화를 예수는 어떤 마음으로 대했는지를 살펴보자. 예수 당시에 예배를 드리기 위한 2가지 제도적 장치가 있었다. 성전과 회당이 그것이다. 의심의 여지 없이 성전이 중심에 있었으며, 회당 예배가 점차 중요해지던 시기였다. 게다가 집과 가정도 일상적인 예배의 장소였다. 이와 같은 장소들에서 거행되는 예배와 관련하여 예수는 어떤 태도를 지녔는지가 궁금하다.

일반적으로 우리는 유대교 예배에 대한 예수의 태도를 '예속과 자유'라는 2가지 측면에서 이해할 수 있다.[60] 피상적으로 바라보면 예수는 유대교 예배의 기본적인 틀을 수용한 것처럼 보인다. 예컨대 복음서 보도에 따르면 예수는 갈릴리나 유대 지역에서 안식일에 회당예배에 참여할 뿐만 아니라(막 1:39 par; 마 9:35; 눅 4:16ff, 44; 요 18:20), 적대자들과 만나는 일 역시 상당 부분 회당에서 일어난다(마 12:9ff

---

60) 아래 내용은 필자의 졸저 『역사적 성서해석과 신학적 성서해석』(교육과학사, 2016), 217-239를 참조했다.

par; 막 1:21ff par; 눅 13:10ff).

다른 한편 예수는 유대교 예배의 틀에 자신을 맡기지 아니하고 그 틀에서 벗어나 있었다. 예컨대, 기존 관습에 따라 회당 안에서 메시지를 전하는 데 그치지 않고, 기존 관습과 달리 장소를 불문하고 자신의 메시를 전했다(마 5:1(산); 눅 5:1(게네사렛 호숫가); 막 2:1f(가버나움 집); 눅 13:26(길거리)). 이러한 태도의 배경에는 예수의 바실레이아 사상이 자리 잡고 있다.

우리는 앞 장에서 '바실레이아'(basileia), 즉 '하나님나라', '하나님통치'는 예수 선포의 중심 주제이며, 그가 선포한 바실레이아의 특징은 종말론적인 하나님의 통치가 임박했을 뿐만 아니라, 이미 현재에 시작되었다는 점에 있다는 사실을 상세히 살펴보았다. 이때 예수의 하나님나라 선포의 특이성을 하나님나라의 현재성에서 찾았다. 그것은 다음의 두 구절, "내가 만일 하나님의 손을 힘입어 귀신을 쫓아낸다면 하나님의 나라가 이미 너희에게 임하였느니라"(눅 11:20)는 말씀과, 또한 "하나님의 나라는 볼 수 있게 임하는 것이 아니요 또 여기 있다 저기 있다고도 못하리니 하나님의 나라는 너희 안에 있느니라"(눅 17:20-21)는 말씀에 명확하게 드러난다고 말했다.

이처럼 예수는 세상을 향한 하나님의 구원의 완성이 지금 동터오고 있음을 선포했다. 예수는 종말론적인 하나님나라가 현재 도래하고 있다는 사실을 말로 선포했을 뿐만 아니라 자신의 행위로도 드러냈다. 그에 따라 귀신을 쫓아내고 병든 사람들을 치유하는 기적을 행했으며(막 1:23-27 par, 1:30 par), 또한 당시 사회에서 버림받은 자들(나병 환자, 창녀, 간음한 자)과 거리낌 없이 교제를 나누었다. 게다가 여러 식탁교제를 통해(예컨대, 눅 14:12-14) 종말론적인 구원이 현재 이 땅에서 시작되었다는 사실을 드러냈다(cf. 사 25:6).

이와 같이 예수 선포에 나타나는 하나님나라의 현재성에 예수 선포의 특이성이 담겨 있다. 그것은 예수의 활동과 더불어 전적으로 새로운 시대가 열렸다는 사실을 뜻한다. 따라서 더 이상 낡은 것과 새것이 공존할 수 없고, 낡은 기존의 것은 새것으로 교체되어야 마땅하다(cf. 막 2:21 이하). 바로 이 점에 예수가 구약·유대적 전통에 대해 자유로울 수 있는 토대가 놓여 있다.

4. 유대교 예배에 대한 예수의 입장은?

예수 당시 예루살렘 거주민의 영성과 경건은 희생제물을 바치는 성전예배에 집중된 것과 달리, 지방에서는 안식일에 드리는 회당예배가 중요했다. 회당예배에 신앙인들이 모여 토라와 예언서들을 읽었고, 그에 대한 설교를 들었으며, 또한 기도와 찬양을 하였다. 제물을 바치지 않는 회당예배는 신앙인의 영성을 일깨우며 지켜나가는 데 커다란 영향을 끼쳤다. 성전예배 및 회당예배 외에도 안식일 저녁 가정에서 갖는 만찬이 유대인의 경건성 및 예배 전통을 유지하는 데 중요한 역할을 했다.

1) 예루살렘 성전예배와 거리두기

예수 당시 유대인들에게 예루살렘은 정치와 경제의 중심지이자 권력의 중심지였다. 동시에 유대교의 중심지로서 축제순례의 목적지인 예루살렘은 "유대적 제의의 고향"이었으며, "하나님이 이 땅에 현존하는 장소"였다.[61] 그곳에 있는 성전은 예로부터 주어진 명성과 의

---

61) J. Jeremias, *Jerusalem zur Zeit Jesu* (Göttingen, 1969), 87.

미를 잃지 않았다. 수많은 이들이 기도와 예배를 드리기 위해 하나님의 "영광"(cf. 시 26:8)이 거하는 장소인 성전을 찾았다. 성전은 상당한 규모의 성전 수입과 세금 수입을 관리했을 뿐만 아니라 개인 재산도 예치하는 국고였다. 따라서 성전에 보관된 재화의 양이 상당했을 것이 분명하다.[62] 이처럼 중요한 예루살렘 성전을 축으로 유대교가 돌아가고 있었는데, 예수는 바로 그 축을 건드린 사람이었다.

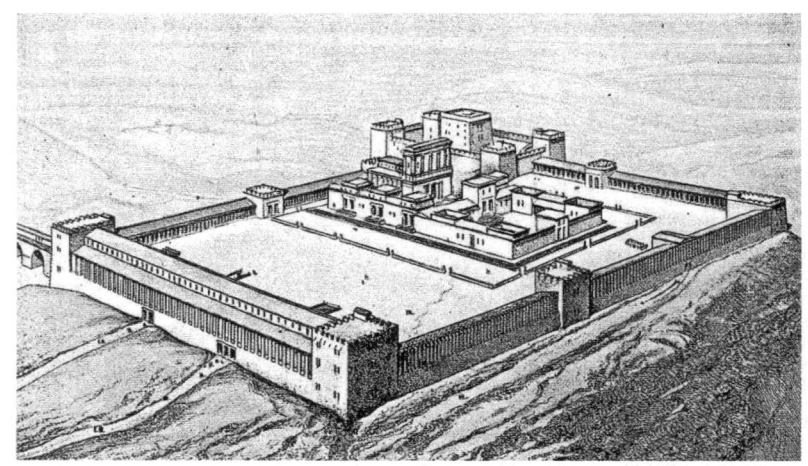

헤롯 시대의 성전산(Paul Volz, *Die biblischen Altertümer*, 1914, 51)

• **예수는 성전예배와 정결예식에 참여하는 대신 말씀을 선포했다.**
신약시대의 가장 중요한 축제인 유월절 축제 때 원근 각처로부터 수많은 인파가 예루살렘을 방문했다. 보통 축제가 시작되기 일주일 전에 온다. 유월절 축제 참여에 필요한 정결예식을 받는 데 일주일이 소요되기 때문이다. 예수 역시 유월절 축제가 시작되기 전에 제

---

62) 그와 같은 사실은 종종 발생했던 성전 약탈 사건을 통해 명확히 드러난다. 이에 관해 E. W. Stegemann/W. Stegemann, 『초기 그리스도교의 사회사』, 209-210을 참조하라.

자들과 함께 일찌감치 예루살렘으로 올라갔다. 그곳 성전에서 매일 두 차례, 이른 아침과 오후 3시경에 예배가 거행되었다.

공관복음 보도에 따르면 예수는 갈릴리 사역 후 단 한 번만 예루살렘으로 올라간다.[63] 예수가 이스라엘의 심장부인 예루살렘에 간 목적은 분명하다. 그것은 이스라엘의 운명과 직결된 거룩한 도시의 백성을 도래하고 있는 하나님나라의 메시지 앞에 세우고, 최후의 시간에 결단을 촉구하기 위함이었다.[64] 그런데 복음서는 예수가 그곳에서 보낸 마지막 한 주 동안 여러 가지 일들을 보도하나, 그가 정결예식이나 성전예배에 참여했다는 일말의 암시조차 하지 않는다.[65]

E. P. 샌더스는 예수와 제자들이 정결예식을 받은 사실이 당연히 전제되었다고 말하나,[66] 그와 관련된 전승은 다른 해석의 가능성을 열어 둔다. 요한복음은 유월절 축제와 관련된 정결의 필요성을 강조하고 있음에도 불구하고, 예수와 제자들의 정결예식에 대해 전혀 언급하지 않는다. 오히려 요한복음은 세족식 보도를 전하면서, 세족식이야말로 모든 정결예식의 완성이라고 선언한다(요 13:10).

이로 미루어 예수는 정결예식에 참여하지 않았으리라는 추론이 가능하다. 그것을 뒷받침하는 복음서 단편 전승(POx 840)도 전해 내려온다. 이 전승에 따르면, 한 바리새파 대제사장이 예수를 향해 "너는 목욕도 하지 않았고, 네 제자들은 발도 씻지 않았는데, 도대체 어떻게 이 정결한 영역에 들어와 성물을 바라보느냐?"라고 비난

---

63) 그러나 요한복음은 예수가 여러 차례 예루살렘을 방문한 것으로 보도한다(요 2:13, 5:1, 7:10, 10:22, 23, 12:12).
64) G. Bornkamm, *Jesus von Nazareth*, 136; cf. G. Lohfink, *Jesus von Nazaret*, 353.
65) 버미스는 예수가 예루살렘 성전예배에 참석하여 예배를 위한 시편을 읽거나 축복했다는 구절이 공관복음서 어디에도 나타나지 않는다는 점을 지적한다(G. Vermes, 『유대인 예수의 종교』, 25).
66) *The Historical Figure of Jesus* (New York: Penguin, 1993), 250-251.

4. 유대교 예배에 대한 예수의 입장은?

한다.[67] 복음서 전승이 예수의 성전예배 참석 여부에 대해서 전적으로 침묵하고 있는 것과 달리, 성전 지역 내에서 사람들에게 가르침을 베풀었고 사람들과 대화를 나눴다는 사실에 대해서는 여러 차례 보도한다(cf. 막 11:27-33, 14:49 par; cf. 요 7:14, 8:20 등).

따라서 예수는 하나님나라에 관한 자신의 메시지를 선포하기 위해서 순례자들이 군집해 있는 성전 지역을 찾았지,[68] 일반 순례자들처럼 경건성의 차원에서 성전예배에 참석하러 예루살렘에 올라간 것은 아니었다고 말할 수 있다.

• **예수는 예루살렘 성전 멸망을 예언했다.**

성전 파괴에 관한 예수의 예언은 복음서 가운데 모두 5번 나타난다(막 13:2 par, 14:58 par, 15:29; 마 26:61; 요 2:19; cf. 행 6:14). 성전 파괴와 사흘 후의 재건에 관한 복음서 전승이 액면 그대로 예수의 진정한 말씀이라는 확실성이 없다 할지라도, 하나님통치의 시작과 더불어 지상적 성전의 파괴를 말하는 예수의 예언이 이 전승의 역사적 핵을 이룬다는 사실은 분명하다.

또한 예수가 성전을 위협했다는 비난은 다음의 세 구절에도 반영되어 있다: 마태복음 27장 39-40절(십자가 처형 장면), 사도행전 6장 13-14절(스데반의 연설), 그리고 부활절 이후의 해석에 해당하는 요한복음 2장 18-22절이다. 예수의 성전 비판은 당시 유대교 제의체계 중심과 정면으로 충돌했음을 뜻한다. 그것은 사람들 사이

---

67) 이 파피루스 단편은 1905년에 중부 이집트 옥시륀코스(Oxyrhynchos)에서 발견되었다. 파피루스의 처음 일곱 줄에는 예수가 예루살렘에서 행한 진술의 마지막 부분이 나오고, 이어서 예수가 성전 지역에 가서 레위라는 이름을 가진 바리새파 제사장과 격렬한 논쟁을 벌이는 이야기가 나온다. 공관복음 전승의 한 변형으로 보인다. 이에 관해 W. Schneemelcher, *Neutestamentliche Apokryphen I* (Tübingen, 1990), 81-82를 참조하라.

68) F. Hahn, 『원시 기독교 예배사』, 20.

에 예수의 진보적인 토라 해석에 대한 의혹을 불러일으켰고, 성전을 비판하는 예수는 결국 정치적인 소요를 꾀하는 자로 의심받았다. 그와 더불어 예수가 처형되기 불과 며칠 전에 일어난 이른바 '성전정화사건'(막 11:15-17 par)과 동일한 맥락에 있다. 이 사건을 통해 예수는 예부터 전해 내려온 예루살렘 성전을 중심축으로 하는 유대 전통적인 제의 시대가 끝나고 종말론적인 새 시대가 열리고 있음을 공개적으로 시위했다(이에 대해서는 아래에서 상세히 다룰 예정이다).

- **예수의 죄 용서 행위는 성전 제의를 향한 도전이었다.**

예수가 죄 용서를 선언하는 두 가지 복음서 전승이 있다(막 2:5-7 par; 눅 7:48-49). 여기에서 예수의 선언은 사람들로 하여금 신성모독이나 당혹감을 불러일으킨 것으로 회고된다. 두 전승에 나타나는 "네 죄가 용서되었다"라는 예수의 진술은 이른바 '신적 수동태'(Passivum divinum)이다. 신적 수동태란 거룩한 하나님을 주어로 드러내어 말하는("하나님이 네 죄를 용서했다") 능동태 어법을 일부러 피해 수동태 문장으로 표현한 것을 뜻한다. 신적 수동태 어법을 통해 용서하는 주체가 다름 아닌 하나님이라는 사실이 분명히 드러난다.

이렇게 보면, 예수의 선언은 하나님이 베푸시는 용서에 대한 단지 인간적 중재에 불과하고, 따라서 그러한 진술이 신성모독을 불러일으킬 가능성은 적다. 신성모독의 감정을 자아낸 실제 이유는 예수의 죄 용서 행위가 제의에 대한 아무 언급도 없이 제의 영역 외부에서 일어났다는 사실에 있다.[69] 죄 용서는 본래 성전 제의와 관련된 것이고, 오직 하나님만의 전권이라고 믿었다. 따라서 제의에 대한 언급 없이 이루어진 예수의 죄 용서 행위는 성전 제의체계에 대한 도

---

69) J. Dunn, 『예수와 기독교의 기원(하권)』 (새물결플러스, 2012), 400.

전이며, 하나님의 거룩성에 대한 심각한 도전으로 간주되었다.[70] 그것은 "성전 제의에 대한 잠재적 저항의식"[71]의 표현인 요한의 세례의 경우에서와 같다.

2) 예수의 회당예배 참석과 관련하여

회당예배의 시작은 확정을 짓기 어려우나, 바벨론 포로 시대에 발전했을 가능성이 크다.[72] 구약의 에스라 시대 이후에 이르러 사람들은 회당예배를 통해 "율법과 경건생활을 준수하는 것을 그들의 생활 전체에서 가장 필수적인 일로 여겼다"(Josephus, *Contra Apionem* 1:66). 복음서에는 예수 역시 회당예배에 참여했다는 보도가 여러 차례 나온다(막 1:21f, 1:39, 6:2 par; 눅 13:10; 요 6:59, 18:20).

예수가 설교하고 가르치는 장소로 회당을 택했다는 사실은 역사적으로 의심할 이유가 없다. 그런데 누가는 예수가 '관례대로', 즉 규칙적으로 회당을 방문한 것으로 묘사한다(눅 4:16). 이는 예수의 회당 사역을 체계화시키려는 누가의 편집 의도와 관련이 있다.[73] 복음서 보도를 통해 드러나는 것은, 예수가 회당을 방문할 경우 방문의 일차적 목적은 회당예배에 참여함으로써 자신의 경건의 의무를 행하기 위해서가 아니라, 오히려 자신의 메시지를 선포하고 또한 활동하

---

70) 세례 요한이 베푼, 죄를 사한다는 회개의 세례(막 1:4; 눅 3:3)도 동일한 문제를 일으켰다. 요한의 설교는 희생제의나 속죄의 행위가 필요하다고 암시하지 않는다. 그의 세례는 속죄제물을 대신한 것으로서 성전 제의의 대안이었다(J. Dunn, 『예수와 기독교의 기원(상권)』, 490f).
71) G. Theissen, *Die Religion der ersten Christen*, 179f.
72) G. Stemberger, *Das klassische Judentum* (München: Beck, 1979), 92ff.
73) Cf. H. Conzelmann, *Die Mitte der Zeit* (Tübingen, 1964), 177. τὸ εἰωθός는 신약성서 중 누가에게만 나타나는 단어로서 누가복음 4장 16절과 사도행전 17장 2절에 사용된다. 'κατὰ τὸ εἰωθός'는 명백히 누가의 편집에서 유래한 표현이다(cf. 행 17:2; 눅 1:9). 이와 관련해 J. Jeremias, *Die Sprache des Lukasevangeliums*, 120을 참조하라.

기 위해서 회당에 갔다는 사실이다. 예수는 자신의 가르침과 사역을, 예배를 위해 마련된 특별한 장소에 제한시키지 않았다.[74]

3) 율법 실천의 관행과 거리두기

예수가 살았던 1세기 때의 유대인들이 율법 순종의 삶을 얼마나 중요하게 여겼는지를 다음과 같은 요세푸스의 진술에서 알 수 있다: "부와 가정과 우리의 모든 재물을 잃는다 하더라도 최소한 멸하지 않는 율법이 우리에게 있으니 유대인은 절대로 고향에서 멀리 떠나 있을 수 없으며, 아무리 혹독한 군주가 위협한다 해도 율법에 순종하지 않을 수가 없을 것이다"(『아피온 반박문』 1:66, 2:277).

이런 율법 순종의 태도를 보상과 형식주의 관점에서 바라보는 시각은 정당하지 않다. 유대 신앙 자체는 율법 준수와 관련하여 업적과 상급의 윤리를 거부하고 오히려 율법에 대한 즐거움을 말하기 때문이다.[75] 율법 순종의 태도가 당시 유대인들의 통상적 경건의 표현이었다고 말할 수 있다. 그러나 예수는 이런 일반적 태도와 달리 율법에 대한 이중적 태도를 취했다: "보편적인 에토스를 지향하고 있는 윤리적 규범들은 (특히, 사랑의 계명) 강화한 반면, 유대교와 이방 세계를 분리하는 제의적 규범들은 (특히, 정결법) 상대화시켰다."[76] 이를

---

74) F. Hahn, 『원시 기독교 예배사』, 20.
75) Cf. 시 119; Abot 1:3("보상을 받으려고 주인을 모시는 종처럼 되지 말라. 오히려 보상을 받으려 하지 않고 주인을 모시는 종이 되어라"). 이런 관점에서 샌더스는 고대 유대교에서는 언약과 선택이 율법보다 앞섰다고 말하는 가운데 이른바 '언약적 율법주의'(covenantal nomism)가 고대 유대교의 종교구조를 이루고 있었다고 말한다: *Paul and Palestinian Judaism* (London, 1977), 400; 동저자, *Judaism: Practice and Belief 63BCE-66CE* (London, 1994), 262-275.
76) G. Theissen/A. Merz, 『역사적 예수』, 521. 이런 의미에서 예수의 선포를 "유대교의 율법성에 대한 항거"(Theologie des NT, 10)로 본 불트만의 진술은 적절하지 않다.

4. 유대교 예배에 대한 예수의 입장은?

통해 예수는 당시 유대인들 사이에서 행해지던 율법 실천의 관행과 거리를 두었다. 이와 같은 이중적 경향이 동시에 나타난다는 점이 예수와 율법의 관계에서 특징적이다. 이중적 경향을 다음과 같이 구분할 수 있다.[77]

- **율법 규범의 관행을 더욱 강화시킨 예**:

① 제1계명: 예수는 하나님 숭배와 맘몬 숭배 사이에서 하나를 택할 것을 요청함으로써(마 6:24 par; 눅 16:13), 정치영역에서 유래한 극단적 신정론의 양자택일을 경제 영역으로까지 확대시켰다.

② 살인과 간음 금지 계명: 예수는 형제에게 화냄과 여자를 향한 음욕을 살인과 간음에 버금가는 중한 죄로 여김으로써(마 5:22, 28) 십계명에 나오는 내용을 강화시켰다.

③ 이웃 사랑의 계명: 예수는 레위기 19장 18절에 언급된 이웃 사랑을 3가지 방향으로 급진화시켰다[원수 사랑(마 5:43-48 par); 낯선 사람에 대한 사랑(눅 10:25-37); 죄인에 대한 사랑(눅 7:36-50)].

④ 재혼 금지 계명: 이혼을 허락하는 토라 전통과 달리 예수는 창세기 1장 27절에 근거하여 이혼을 반대했고(막 10:1-10 par),[78] 결혼 상대방이 생존 시 이루어지는 재혼을 십계명의 하나(출 20:14; 신 5:18)를 범하는 간음으로 간주했다(막 10:11-12). 그러나 결혼 상대방이 사망한 후에 하는 재혼에 대해서는 언급하지 않았다.

⑤ 맹세 금지: 예수는 맹세의 오용을 경고하면서 맹세하는 것을 근본적으로 금지시켰다(마 5:33f). 이는 거짓 맹세 금지 계명(레 19:12)을

---

77) Cf. G. Theissen/A. Merz, 『역사적 예수』, 522-535.
78) 쿰란 에센파 역시 창조 질서에 근거하여 생애에 단 한 번만 합법적 결혼을 인정했다(CD 4:20-5:2).

극단적으로 강화시킨 것이다. 그러한 예수의 진술은 유대교에서 찾아볼 수 없는 말이다.

• **율법 규범의 관행을 보다 완화시킨 예:**

① **안식일 계명:** 예수는 안식일 계명 자체보다 사람을 돕는 계명을 더욱 중요하게 여겼고, 안식일에 사람의 생명을 구하는 일뿐만 아니라, 생명을 북돋는 일도 안식일 계명의 속박에서 자유롭다고 말한다(막 2:23-28 안식일에 이삭 자르기, 막 3:4 안식일 사역). 이런 시각에서 예수는 종종 안식일 계명을 과감히 무시했다. 위기 상황에 처한 환자의 경우 안식일 치유는 문제가 되지 않았다(Billerbeck I, 623ff). 그러나 예수의 안식일 치유는 주로 만성질환자에 대한 치유였다(막 3:1ff; 눅 13:10ff, 14:1ff; 요 5:1ff, 9:1ff). 따라서 그러한 치유 행위는 예수의 의도에 따른 것임이 분명하고, 그것은 당시 통용되던 안식일 계명에 대한 명백한 도전이었다.

② **십일조 계명:** 예수는 십일조 계명보다도 정의와 긍휼과 신뢰와 같은 사회적 의무를 더욱 중요하게 여겼다(마 23:23). 갈릴리의 서민에 속하는 예수는 십일조가 중산층 이하의 사람들에게 얼마나 큰 짐이었는지를 잘 알고 있었을 것이다.[79]

③ **희생제물 계명:** 예수는 화해, 즉 형제에 대한 사랑을 희생제물을 바치는 일보다 우선시했다(마 5:23f). 이러한 예수의 입장은 지혜전통과 관련이 있다: 불법자의 제사는 하나님에게 역겨움이며, 자선을 베푸는 자는 곧 제물을 바치는 것이다(잠 15:8, 21:3, 27; 집회서; 35:1-3 등).

④ **정결 계명:** 예수는 더러운 귀신 들린 사람이나 나병 환자, 죄

---

79) Cf. U. Luz, *Das Evangelium nach Matthäus III*, 330.

를 지어 부정하게 된 사람, 혈루증 앓는 여인 등과 거리낌 없이 어울 렸다(막 1:21ff, 40ff, 2:13-17, 5:25ff). 그것은 당시 통용되던 정결 계명을 거스르는 일이었다. 탐욕과 방탕으로 가득한 속생각을 먼저 비운 다음에야 비로소 겉의 깨끗함 유무를 따질 수 있다는 것이 예수의 입장이었다.

4) 경건 실천의 관행과 거리두기

구제와 기도와 금식은 유대교가 특별하게 중요하게 여기는 경건의 실천 덕목이다.[80] 예컨대, 구약 외경에 속하는 토비트서 12장 8절은 "진실한 기도와 의로운 자선은 부정한 재물보다 낫다. 금을 쌓아 두는 것보다 자선을 베푸는 것이 낫다"라고 말한다(cf. 행 10:31). 유대 신앙에 따르면 이와 같은 선행들을 행하는 자에게는 특별한 약속이 주어졌다. 구제와 기도, 그리고 금식에 관한 예수 전승을 담고 있는 마태복음 6장 1-6, 16-18절에는 복음서 저자의 편집 부분(특히, 도입부)이 포함되었으나, 이 단락의 배후에는 의심의 여지없이 역사적 예수의 음성이 담겨 있다.[81]

여기에서 예수는 유대인들이 전통적인 경건의 세 가지 덕목을 사람들에게 과시할 목적으로 회당과 거리에서 공개적으로 행하는 모습을 신랄하게 비판하고, 오히려 그러한 선행은 은밀하게 가식 없이 행할 것을 요청한다. 이러한 예수의 요청은 분명 당시 경건 실천의 관행에 역행하는 것이었다.

---

80) 랍비 유대교는 기도와 구제와 회개를 즐겨 연결 짓는다(*Billerbeck* I, 454; IV, 553f).
81) E. Schweizer, *Das Evangelium nach Matthäus* (Göttingen, 1973), 87. 루츠 역시 마태복음 6장 1-6, 16-18절이 예수에게서 유래했을 가능성을 열어둔다(U. Luz, *Das Evangelium nach Matthäus I*, 322).

또한 누가복음 18장 9-14절(누가복음에만 나온다)에 나오는 '바리새인과 세리의 비유'는 역사적 예수에게서 비롯된 것이 틀림없다.[82] 기도와 금식을 거론하는 이 비유에서 예수는 경건의 선행을 자랑하는 바리새인이 아니라, 오히려 자신을 죄인으로 고백하는 세리를 칭찬한다. 이를 통해 경건의 실천을 자랑하며 떠벌리는 당시 종교적 관행에 일침을 가했다.

---

82) 누가복음 18장 9-14절이 언어와 내용의 측면에서 볼 때 옛 팔레스타인 전승에서 유래한 것임을 예레미아스는 강조한다: *Die Gleichnisse Jesu* (Göttingen, 1970), 139ff.

4. 유대교 예배에 대한 예수의 입장은?

5.
예수가 추구한 새로운 예배의 기초

앞에서 살펴보았듯이 예수는 예루살렘 성전과 성전 제사장 계급을 중심으로 돌아가는 유대 전통적인 제의체계에 대한 강한 거부감을 갖고 있었다. 그리하여 성전 멸망을 예고했을 뿐만 아니라, 예언자적 상징 행위인 '성전 항쟁'(=성전정화사건)도 감행했으며, 또한 관습적으로 작동하는 전통적 경건의 실천도 신랄하게 비판했다.

그럼에도 불구하고 유대교의 틀에 속해 있던 나사렛 예수는 분명 새로운 종교를 창립할 뜻을 갖고 있지 않았다. 오히려 예수는 기존의 성전 중심 예배체계를 전복시키려는 뜻을 갖고 있었다고 말할 수 있다. 하지만 그것이 전부가 아니다. 예수의 그와 같은 과감한 행위와 태도의 배후에는 새로운 예배를 향한 그의 전망이 숨어 있었다. 그러한 전망은 예수에게서 유래한 '주기도'와 '최후 만찬' 가운데 스며들어 있다.

1) '주님의 기도' – 새로운 예배의 태동을 알리는 경건의 실천

이스라엘의 예배 전승에서 기도는 예부터 중요한 위치를 차지했다. 하나님과 친밀한 관계를 맺고 있는 모든 신앙인의 삶의 중심에 있는 기도를 예수 역시 중요하게 여겼다. 마태복음 6장 5-8절은 기도에 관한 예수의 시각을 잘 알려주는 전승이다. 여기에서 예수는 단지 기도의 형식주의를 비판하는 데 머물지 않고, 경건한 행위로서의 기도 자체에 대한 근본적인 이해를 비판한다. 그것은 무엇보다 중언부언에 대한 비판(마 6:7)에 잘 드러난다.

예수가 제자들에게 기도하도록 가르친 '주기도'는 실제 예수의 음성으로서 기도에 관한 예수의 말씀을 종합한 것이다. 복음서에는 두 가지 서로 다른 형태의 전승이 나온다(마 6:9-13; 눅 11:2-4). 마태의 긴 본문과 누가의 짧은 본문 사이의 차이는 주기도문을 전해 받은 교회가 그것을 자신들의 삶의 자리에서 사용하는 가운데 보충하거나 변화를 준 데서 일어난 현상이다. 마태와 누가는 각자의 교회 안에서 기도드리던 형태의 주기도를 그대로 전했을 것이다. 주기도의 원형을 찾는 많은 노력을 통해,[83] 보다 간결한 누가 전승이 주기도 전체 골격과 하나님 칭호의 측면에서 볼 때 더욱 원형에 가까운 반면, 단어 하나하나의 측면에서는 오히려 마태 전승이 더욱 원형에 가깝다는 사실이 드러났다.[84]

예수에게 기도란 하나님에 대한 전적인 신뢰를 나타내는 표현이다(cf. 막 11:22f; 눅 17:6; 마 17:20). 마가복음 14장 36절에 보존되었고

---

83) Q본문 형태를 구축하는 시도와 관련하여, J. M. Robinson/P. Hoffmann/J. S. Kloppenborg, *A Critical Edition of Q* (Leuven: Peeters, 2000)를 참조하라.
84) 예컨대, J. Jeremias, *Das Vater-Unser im Lichte der neueren Forschung* (Stuttgart: Calwer, 1965).

바울도 전하는(cf. 갈 4:6; 롬 8:15) '아바'(Abba)라는 호칭은, 예수가 하나님을 부르는 아람어 칭호로서 역시 신뢰를 나타내는 표현이다. "Ipsissima vox Jesu"(=예수의 음성 그 자체)로 통하는 이 칭호를 예수가 사용한 것은 당시 유대교의 틀에 비추어볼 때 특이하다고 말할 수 있다.[85]

이때 특이한 점은 예수가 자신의 기도에서 친밀한 가족관계를 나타내는 단어인 '아바'를 사용했다는 사실에 있지 않고, '아바'가 하나님을 지칭하는 예수의 "일관되고 거의 변함없는 형식"이었다는 사실에 있다.[86] 이를 통해 그가 하나님과 얼마나 가까운 내적 관계를 맺고 있었던가를 짐작할 수 있다. 누가 전승에 따르면, 먼저 하나님의 이름과 바실레이아의 도래를 위한 처음 2개의 '2인칭 간구'가 나온다. 이어지는 3개의 복수 '1인칭 간구'는 하나님의 통치가 시작되고 있다는 사실을 깨달은 자가 드리는 기도이다. 여기에는 기도자를 지금 억압하고 위협하는 곤경, 즉 매일의 양식을 위한 염려, 죄, 유혹, 또한 악의 세력에서 해방시켜 줄 것을 간구하는 기도가 나온다.

예수 당시 '카디쉬'(Kaddish)라 부르는 아람어 기도가 있었다. 예수 역시 어린 시절부터 그 기도를 분명 외우고 있었을 것이다. 주기도의 형태는 바로 카디쉬의 영향을 입었다. 따라서 그와 유사한 면이 있다. 주기도의 앞부분에 나오는 두 개의 2인칭 형태의 간구는 형식과 내용면에서 카디쉬 기도와 유사하다.

그러나 양자 사이에는 큰 차이가 있다: 카디쉬에서는 현재 곤경

---

85) '아바'는 어린아이나 장성한 자녀가 자기 아버지를 친근하게 부르는 말이기도 하고, 남성 노인을 존경하여 부르는 말이기도 하다(U. Luz, *Das Evangelium nach Matthäus I*, 339f). 이러한 사실은 Abba를 어린아이가 아버지를 부르는 애칭으로만 이해한 J. 예레미아스의 주장이 일방적임을 보여준다.
86) J. Dunn, 『예수와 기독교의 기원(하권)』, 309.

에 처해 있는 신앙공동체가 도래할 구원을 간구하나, 주기도에서는 하나님의 은혜의 역사가 이미 시작되었음을 알고 있는 기도자가 이미 받은 구원의 선물이 온전히 이루어지기를 간구한다.[87] 카디쉬는 선창자의 기도소리에 공동체가 응답하는 형태로 드려지는 것으로 회당예배에서 자주 사용되는 기도이다. 그런데 예수는 "제사적인 언어의 예전 영역에서 기도를 끄집어내어 그것을 삶의 중심에, 일상의 중심에 세운다."[88]

예수가 제자들에게 가르친 기도는 당시 유대교의 예배 및 기도 관행과 달리 특정 시간과 장소에 얽매이지 않고 일상의 삶 가운데에서 진심으로 드리는 기도라는 점이 중요하다. 이런 의미에서 주기도는 예수가 전망하는 새로운 예배의 태동을 암시하는 경건의 실천에 해당한다.[89]

2) 최후 만찬 – 새로운 예배를 창시하는 상징 행위

새로운 예배를 향한 예수의 두 번째 전망은 예수가 제자들과 나눈 마지막 식사에서 발견할 수 있다(막 14:22-25 par; 마 26:26-29; 고전 11:23-25; 눅 22:15-20). 이 식사가 어떤 형태의 식사인지를 둘러싸고 많은 논란이 있었다. 무엇보다 예레미아스(J. Jeremias)가 『예수의 성만찬 말씀』(*Die Abendmahlsworte Jesu*, 1935; ⁴1967)에서 발표한 테제, 즉 최후 만찬을 유월절 만찬으로 간주하는 시각을 둘러싸고 논란이 많았다.

---

87) J. Jeremias, *Jesus und seine Botschaft* (Stuttgart, 1976), 33f.
88) J. Jeremias, *Abba: Studien zur neutestamentlichen Theologie und Zeitgeschichte* (Göttingen, 1966), 77.
89) 예배학자 나겔(W. Nagel)은 예수의 경우 주기도에 "새로운 예배 형식의 시작"이 나타난다고 말한다(『그리스도교 예배의 역사』, 17).

이 식사가 규정에 따라 예루살렘에서, 그것도 밤중에 이루어졌고, 또한 포도주를 마셨고, 그에 대한 해석의 말씀이 주어졌다는 사실에서 예수의 최후 만찬이 유월절 만찬이라는 근거를 찾는다.

다른 한편으로 전통적인 유월절 만찬과의 차이점을 근거로 유월절 만찬일 가능성을 부인하는 시각도 쉽게 무시하기 어렵다.[90] 요한복음에 따르면 예수는 유월절 축제가 시작되기 전에 처형당했다는 사실(요 19:14)도 그것을 뒷받침한다. 문제의 어려움은 공관복음서 저자들은 최후 만찬을 유월절 만찬으로 이해하나, 정작 최후 만찬 본문들 안에는 유월절 흔적이 별로 남아 있지 않다는 사실과 더불어 그 본문들이 초기 교회의 예전 규정으로 사용되었다는 사실과 관련된다. 아무튼 예수가 죽기 전날 밤 제자들과 마지막 만찬을 가졌고, 이 만찬이 유월절 주간에 일어났다는 사실에 대해서는 학자들 사이에 이견이 없다.

임박한 죽음을 예감한 예수는 최후 만찬을 통해 분명 자신의 죽음과 죽음 이후의 상황에 관한 숙고를 담은 마지막 메시지를 제자들에게 남기고자 했을 것이다. 예수는 바로 그것을 행했다. 예수는 최후 만찬을 거행하는 동안 자기 자신과 제자들 사이의 관계가 지속될 것을 상징적으로 나타내 보이며, 자신의 삶이 하나님나라(바실레이아) 안에서 완성되리라는 희망을 전했다. 그리하여 자신이 죽게 되더라도 이미 시작된 하나님의 구원사역은 반드시 관철되리라는 확신을 최후 만찬에 담았다. 거기에는 하나님나라의 종말론적 만찬에 세리와 죄인들을 포함한 온갖 사람들이 몰려들 것이라는 대망도 포함되어 있다(cf. 막 14:25; 눅 22:18). 최후 만찬은 전통적인 제의 규정

---

[90] 예수의 최후 만찬과 유월절 만찬 사이의 공통점과 차이점에 대해 Theissen/Merz, 『역사적 예수』, 607-612를 참조하라.

을 따르지 않은, 보다 자유로운 형태의 만찬이었다.

예수는 식사와 자신의 죽음의 관계를 설정함으로써 이 만찬에 특별한 의미를 부여했다. 종래의 유월절 만찬에서 이스라엘 백성이 이집트 노예생활에서 해방된 것을 기념하여 막 잡은 어린양을 가지고 만찬을 나눈 것과 달리, 예수는 최후 만찬에서 자신의 몸을 상징하는 빵과 자신의 피를 상징하는 "언약의 피"로서의 포도주를 먹고 마시게 함으로써(막 14:22-24 par) 자신의 죽음을 통한 속죄의 의미를 제자들에게 각인시키고자 했다.[91] 속죄의 의미는 바로 "언약의 피"라는 표현에 담겨 있다. 그것은 하나님이 이스라엘 12지파와 맺은 시내산 언약 사건을 암시하고, 이스라엘의 죄를 위한 속죄 수단으로서 시내산 아래에 세운 제단에 뿌려진 피와 연결된다(출 24:4-11).

예수의 속죄 죽음을 통해 제자들은 하나님나라의 완성이 성취되기까지 하나님의 새 언약에 속해 있음을 확신할 수 있었다. 이런 의미에서 최후 만찬은 예수가 단순히 자신의 죽음을 예언한 상징 행위에 그치는 것이 아니라, 성전 제의의 대안으로서 새로운 예배를 창시하는 상징 행위였다.[92] 그것은 예수의 예언자적 상징 행위인 성전 항쟁 사건과 연결되는 또 하나의 상징 행위일 뿐만 아니라, 예수가 자신의 생을 마감하면서 행한 "마지막 결정적인 상징 행위"(G.

---

91) 그러나 속죄의 의미를 거부하고, 예수의 운명을 단지 이스라엘 예언자들의 운명에 비추어 이해하려는 입장도 여전히 있다. 예컨대, J. Schröter, *Jesus von Nazaret* (Leipzig, 2010), 295.
92) G. Theissen/A. Merz, 『역사적 예수』, 617; G. Theissen, *Die Religion der ersten Christen*, 180: "예수가 유월절 주간에 제자들과 함께 만찬을 나누었으며 그 만찬에 특별한 의미를 두었다면, 그는 이를 성전 제의를 대신하는 것이라고 여겼을 것이며, 또한 이는 의도적인 것이었다고 볼 수 있다." Cf. B. Chilton, *The Temple of Jesus: His Sacrificial Program within a Cultural History of Sacrifice* (University Park: Pennsylvania State University, 1992); J. Neusner, "Money-Changers in the Temple: The Mishnah's Explanation", in: *New Testament Studies 35* (1989), 287-290. 여기서 뉴스너는 최후 만찬을 "유사 제의적 식사"로 부르면서 이를 통해 예수가 유대교 상징의 초점인 성전을 대체하려 한 것으로 이해한다.

5. 예수가 추구한 새로운 예배의 기초

Lohfink)였다.

◆ 한 종교의 역사가 길어질수록 해당 종교의 예배체계가 더욱 공고해지는 경향이 있다. 그것은 어찌 보면 자연스러운 현상이다. 역사의 발전과 더불어 해당 종교의 조직과 구성원의 규모가 확장되면서 예배가 점차 제도화되는 경향이 있기 때문이다.

한국 그리스도교의 경우도 마찬가지이다. 우리나라에서 그리스도교의 역사가 점점 길어지면서 오늘날 많은 교회들은 예배와 예전의 중요성을 보다 강하게 느끼고 있고, 그것에 비례하여 예배의 형식화 경향이 자라고 있다. 이런 현상이 자연스럽게 구약시대의 성전 및 예배 전통에 대한 관심을 초래한 것 같다. 바로 이 지점에서 우리가 우려하는 상황이 일어난다. 구약의 성전 관련 제의적 전통이 점차 강하게 자리 잡아 가고 있는 것과 반대로, 예수 그리스도의 죽음과 부활 사건에 토대한 그리스도교 본래의 예배정신이 점점 약화되고 있다는 우려이다. 이러한 우려는 놀라운 외적 성장을 자랑하는 한국교회가 오늘날 심각한 교회 정체성의 위기를 맞고 있는 데서 현실로 드러나고 있다. 이런 상황에서 유대교 예배에 대해 가졌던 예수의 입장을 살펴보는 일이 의미가 있다.

초기 그리스도교 케리그마의 근거와 토대가 되는 '예수 사건'이야말로 오늘의 그리스도교가 지향해야 할 길을 알려주는 나침반이다. 이는 예배와 관련해서도 타당하다. 예수가 당시 유대교 예배 및 지배적인 경건성 전반에 대해 가졌던 입장과 태도를 통해 오늘의 우리 예배가 지향해야 할 길을 배울 수 있다.

유대교 예배에 대한 예수의 태도와 입장은 크게 2가지로 요약할 수 있다. 하나는 예수는 일상의 모든 영역을 율법 전통에 따라 엄격하고도 세밀하게 규정짓는 삶의 제의화에 저항했다는 사실이다. 다른 하나는 하나님의 영광이 현존하고 있다고 굳게 믿어 왔던 예루살렘 성전에서 드리는 거룩한 예배의 시대가 끝났음을 선언했다는 사실이다. 그것은 곧 구약과 유대교에서 하나님과 인간 사이를 중재하는 거룩한 제의 직분의 시대가 끝났다는 것을 뜻한다. 그 결과 초기 교회가 일시 성전예배에 참여했으나 마침내 그것과 과감하게 단절할 수 있었다. 이와 같은 사실은 알게 모르게 목회직의 거룩성을 지향하는 오늘 한국교회에게 많은 것을 시사한다.

다른 한편 예수가 기존의 경건과 예배의 형식 전체를 거부했다고 말할 수 없다. 예수는 자신의 삶과 말씀을 통해 자기가 지향했던 새로운 형태의 예배를 위한 중요한 단초를 제자들에게 남겨 주었다. 그것은 무엇보다 주기도와 최후 만찬이다. 주기도를 통해 예수는 가식 없이 하나님과 친밀하게 대화하는 기도 본연의 중요성을 우리에게 일깨워 주었다. 또한 최후 만찬은 성전예배에 대한 대안으로서 새로운 예배를 창시하는 예수의 예언자적 상징 행위였다. 그것은 임박한 죽음에 앞서 제자들에게 남겨 준 그의 유언으로서 죽음과 무의미의 위협에도 불구하고 구원의 완성을 소망하며 끝까지 사랑하라는 메시지를 담고 있다. 그것은 곧 오늘의 교회가 종교형식과 경건의 모양만을 따르는 화석화된 조직이 아니라, 생명을 자라나게 하는 사랑의 공동체가 되라는 유언이다.

III.

예수의 성전 항쟁과 십자가 죽음

19세기 말 서구에는 '자유주의 신학'이 위세를 떨치고 있었다. 여기에서 '자유주의 신학'에 대해 잠시 설명할 필요가 있다. 독일은 자유주의 신학의 본거지이고, 필자처럼 독일에서 공부한 사람을 싸잡아서 자유주의자로 보는 편견이 우리나라에 만연되어 있다. 특히 보수신앙을 표방하는 사람들이 많이 하는 말이다. 독일신학은 성경 본문을 철저하게 비판하며 분석적으로 파고들어가기 때문에 신앙에 위해가 된다고 해서 그런 말이 생겨난 것 같다.

'자유주의'라는 용어는 19세기 중엽부터 개신교 신학자들이 본격적으로 사용하기 시작한 개념인데, 인문학적 이론과 계몽주의적 인식에 근거하여 신학의 여러 문제를 다루었다. 특히 '성경주석'과 '교회사'가 중요한 연구 분야였다. 근대에 들어와서 사람들은 신학과 자연과학의 관계를 새롭게 규명하고자 했으며, 또한 본문 비평적이며 역사적 방법론을 사용하여 복음서에서 실제 "역사적인 예수"를 구축하고자 했다. 그리하여 역사적 예수에 관한 수많은 책들이 당시 쏟아져 나왔다.

자유주의 신학이 서구에서 인기 절정에 있을 무렵 1892년에 신약학자 요한네스 바이스(Johannes Weiss, 1863-1914)는 『하나님나라에 대한 예수의 선포』(Die Predigt Jesu vom Reiche Gottes)라는 유명한 소책자를 출간했다.[93] 여기에서 바이스는 예수의 이상적인 인간성을 강조하는 '자유주의'의 낙관적이며 윤리적인 예수 해석에 반대했다. 당시 자유주의 신학이 표방한 하나님나라는, 역사 내적인 발전을

---
93) 필자는 이 책의 1892년 초판본을 우리말로 번역했다. 조만간 출간될 예정이다.

통해 수립되는 것으로 인간들이 서로 협력하여 완성해 나아가는 사랑의 공동체이며 최고의 선을 뜻했다.

조직신학자 알브레히트 리츨(Albrecht Ritschl, 1822-1889)로 대변되는 이런 자유주의 신학의 하나님나라 해석 관행에 강하게 항변하면서, 바이스는 성서 본문에 대한 역사적 해석을 통해 예수가 언급한 '하나님나라' 개념은 "철저히 초월적이며 묵시적인 특성"을 띠고 있다는 주석학적인 연구 결과를 발표했다.

요한네스 바이스

알브레히트 리츨

바이스의 책은 당시 신학계에 커다란 파장을 불러일으켰고, 결국 예수 연구의 방향을 종말론과 묵시문학의 관점으로 이끄는 데 결정적인 역할을 했다. 바이스의 주장에 따르면, 예수는 우주적인 대파국 이후 하나님에 의해 열릴 새로운 세상을 대망했고, 팔레스타인은 새로운 왕국의 중심이 될 것이며, 예수와 그 제자들은 새로 재건된 12지파 공동체와 사방에서 몰려온 이방인들을 통치하게 될 것이라고 했다. 이런 시각에서 바이스는, 예수가 기대한 하나님나라를 철저히 미래적으로 해석했다.

알베르트 슈바이처(Albert Schweitzer, 1875-1965)는 이러한 바이스의 입장을 더욱 정교하게 발전시켰다. 예수는 하나님나라가 목전에 다가왔다고 믿었고, 그 희망 안에서 제자들을 이스라엘 땅으로 파송했다. 이들은 하나님나라가 도래하기 전에 일어날 대환란의 고난을 선포했다. 그러나 예상과 달리 대환란은 오지 않고, 하나님나라가 지체되는 것을 예수는 깨달았다. 그러자 하나님나라의 도래를 촉진

III. **예수의 성전 항쟁과 십자가 죽음**

111

시키는 차원에서, 예수는 메시아적 고난을 스스로 수용하기로 결단했고, 그리하여 예루살렘으로 올라갔다고 한다. 사역하기 위해서가 아니라 "오직 거기서 죽기 위하여" 예루살렘으로 올라갔다는 것이다. 한마디로, 예수의 예루살렘행은 "승리를 향한 죽음의 행진"이었다고 한다.

과연 나사렛 예수는 슈바이처의 주장대로, 하나님나라의 도래를 가속화시키기 위해, 자신의 죽음을 목표로 예루살렘으로 올라간 것인가? 아니면 예수를 죽음으로 내몬 다른 이유가 있었는가? 이러한 질문이 생겨난다. 특히 지상사역 동안 예수는 자신의 죽음을 예상했는지의 문제와 아울러, 예수 죽음의 직접적인 원인으로 간주되는 이른바 '성전정화사건'에 초점을 맞추고자 한다.

1.
예수가 자기의 죽음을 예상하지 못했다고?

예수의 죽음에 대하여, 또한 예수가 자기의 죽음을 어떻게 이해하였는가에 대하여 20세기의 가장 유명한 신약학자로 통하는 루돌프 불트만(Rudolf Bultmann, 1884-1976)이 1960년에 내린 다음과 같은 평가가 유명하다:

> "이와 같은 처형은 그의 사역으로 인한, 내적으로 불가피한 결과로서 거의 파악할 수 없다. 그것은 오히려 그의 사역이 일종의 정치적인 활동으로 오해받는 데 근거하여 일어난 것이다. 그것은 – 역사적으로 볼 때 – 하나의 무의미한 운명이었다고 할 수 있다. 예수가 여기에서 도무지 의미를 찾았는지, 혹여나 (찾았다면) 어떻게 찾았는지에 대해서 우리는 알 수 없다. 그가 절망해 주저앉아 버렸을 가능성을 감추어서는 안 된다."[94]

---

94) R. Bultmann, *Das Verhältnis der urchristlichen Christusbotschaft zum historischen Jesus* (Heidelberg, 1960), 12.

이로써 불트만은, 예수의 죽음이 우연한 외적인 정황들로 인하여 일어난 비극이었다고 보았다. 이러한 견해를 불트만은 무엇보다도 다음과 같은 입장을 통하여 그 근거를 대고 있다. 불트만은 마가복음 8장, 9장, 10장에 거의 유사한 형태로 반복적으로 나타나는, 이른바 3가지 "클래식"한 고난 예고에 집중했다: (막 8:31 "인자가 많은 고난을 받고 장로들과 대제사장들과 서기관들에게 버린 바 되어 죽임을 당하고 사흘 만에 살아나야 할 것을 비로소 그들에게 가르치시되"; 9:31; 10:33-34).

이 진술을 초기 신앙공동체의 산물로 여기면서, 이를 '사후예언'(事後豫言)으로 보았다. 결국 불트만은 복음서 안에는 예수의 고난 예고를 위한 그 어떤 역사적인 단서도 존재하지 않는다고 확신했고, 그에 따라 복음서에 나오는 예수의 고난에 대한 해석을 담은 진술들도 모두 비역사적인 것으로 간주했다(예컨대, 마가복음 10장 45절의 "인자가 온 것은…자기 목숨을 많은 사람의 대속물로 주려 함이니라"와 같은 진술).

그런데 위에 언급한 불트만의 견해는 복음서 저자들의 보도와 정면으로 대립한다. 공관복음서가 보도하고 있는 것에 따르면, 예수는 그의 사역의 시초부터 이미 커다란 위험에 처해 있는 것으로 나타나고 있다. 마가복음 3장 6절은 예수의 살해를 논의하는 적대자들에 대하여 언급하고 있다. 또한 예수는 예루살렘에서 자신을 죽음으로 몬 공략에 대해서 놀라지도 않았다.

만일 불트만의 입장이 옳다면 공관복음서에 나오는 묘사들은, 전적으로 초대 공동체의 신학적인 관심에서 비롯된 것이 될 것이다. 그러나 불트만의 빼어난 제자 가운데 한 사람인 귄터 보른캄(Günter Bornkamm, 1905-1990)은 스승과 달리 다음과 같이 확정지었다: "복음서들은 성공과 실패, 또한 뒤따름과 적대관계가 처음부터 예수의 역사에 속한다는 점에 있어서 역사적 사실에 충실하게 보도하고 있다."[95]

불트만의 입장과 달리, 예레미아스(Joachim Jeremias, 1900-1979)는 예수가 자신의 고난의 운명을 예고하였다는 사실을 뒷받침하는 3가지 근본적인 이유를 제시하였다.

① "그의 사역의 외적 진행이 예수가 강압적인 죽음을 예상하도록 몰고 갔음에 틀림이 없다."
② "예수 사역의 진행과정과 또한 그의 구원사 시각이 처음부터 예수에게서 모든 고난 선포를 제거시키는 것을 금하고 있으며, 오히려 이 고난 선포들이 바로 그처럼 일방적으로 내리는 판단에 맞서 정당히 대항하고 있다."
③ "세 가지 고난 예고 막 8:31 par, 9:31 par, 10:33f par는 예수가 당할 고난과 관련된 풍부한 자료 가운데 단지 하나의 작은 단면만을 이루고 있을 뿐이다."

예레미아스의 입장에 따르면, 예수의 고난은 십자가상에서 죽는 시간이 되어서야 비로소 시작된 것이 아니라, 그의 전 사역에 동반되었을 수 있다는 관점을 우리에게 제공해 주었다. 필자는 이와 같은 예레미아스의 판단이 전적으로 옳다고 생각한다. 따라서 '예수의 고난 예고'의 문제를 공정하게 다루기 위해서는, 이른바 그 3가지 고난 예고에 제한할 것이 아니라, 훨씬 더 많은 자료를 검증할 필요가 있다.

---

95) G. Bornkamm, *Jesus von Nazareth* (Stuttgart/Berlin/Köln/Mainz, 1983), 135.

예수의 죽음과 관련된 여러 구절 가운데 단지 몇 가지만 언급하고자 한다. 먼저 예수의 고난 예고와 관련하여 자주 거론하는 예로 다음과 같은 구절이 있다:

▶누가복음 13장 31-33절을 살펴보자. 이 본문은 누가에만 나오는 특수 자료에 속한다. 여기에서 누가는 복음서 저자 가운데 유일하게, 예수에 대한 바리새인의 관계를 긍정적으로 묘사하고 있다. 즉 한 바리새인이 예수에게 헤롯 안티파스 왕의 추적을 경고하고 있는 본문이다. 이 본문은 역사적 예수의 말씀일 가능성이 큰 본문이다. 특히 32절("너희는 가서 저 여우에게 이르되 오늘과 내일은 내가 귀신을 쫓아내며 병을 고치다가 제삼일에는 완전하여지리라")이 그러하다. 헤롯 안티파스 왕을 멸시하는 투의 "여우"라는 비유가 나타나고 있을 뿐만 아니라, 전체적으로 권위를 담고 있는 말은 예수와 잘 어울린다. 여기서 "오늘과 내일"은 아주 가까운 시간을 뜻하고, "제삼일에는 완전하여지리라"는 예수의 죽음을 염두에 둔 표현으로 해석할 수 있다.[96]

▶누가복음 13장 34절(마 23:37Q)의 진술도 함께 고려할 필요가 있다: "예루살렘아 예루살렘아 선지자들을 죽이고 네게 파송된 자들을 돌로 치는 자여 암탉이 제 새끼를 날개 아래에 모음같이 내가 너희의 자녀를 모으려 한 일이 몇 번이냐 그러나 너희는 원하지 아니하였도다." 본래 독립된 말씀으로 전해 내려온 이 구절 역시, 역사적 예수에게서 유래한 것으로 보인다. 여기에서 예수는 자신의 운명을

---

[96] 그러나 누가복음 13장 33절을 32절을 부연 설명하고 있는 누가의 편집으로 보는 시각도 있다. 누가에게 중요한 예수 죽음의 장소인 '예루살렘'이 언급되고, 이어지는 누가복음 13장 34-35절을 준비하고 있다는 이유에서다. 이렇게 보면 33절은 누가의 신학적 구상에 따라 예루살렘을 향한 예수 고난의 길을 준비하고 있다.

고난받아 죽게 되는 예언자들의 운명에 비추었다. 이에 근거하여 예수는 예루살렘에서 자신의 메시지를 선포할 경우 예루살렘을 지배하는 제사장 무리와 사두개파의 공격을 받아, 목숨이 위험하다는 사실을 예상했다고 말할 수 있다.

위에서 언급한 두 구절 외에도 예수의 갈릴리 사역 기간 중에 나온 예수를 향한 두 가지 비난, 즉 '신성모독'(막 2:1-12)과 '의도적인 안식일 어김'(막 2:23-26)에 담긴 전승의 핵도 마가 이전 전승에서 나온 것으로서, 역사적 예수로부터 비롯되었을 가능성이 크다. 이런 전승들을 통해, 우리는 예수가 이미 갈릴리 사역 동안 유대인들의 심각한 비난에 노출되었고, 그리하여 앞으로 당할 자신의 고난을 충분히 예상했을 것이라고 추정할 수 있다.

이제 우리의 관심을 예수 사역의 마지막 시기에 성전 구역에서 일어난 이른바 '성전정화사건'(막 11:15-17 par)에 집중하고자 한다. 그러나 먼저 성전 멸망에 관한 예수의 예언부터 잠시 살펴보자.

1. 예수가 자기의 죽음을 예상하지 못했다고?

2. 성전 멸망에 관한 예수의 예언

예수는 왜 충분히 예상되는 위험에도 불구하고 굳이 예루살렘으로 올라갔을까? 예루살렘으로 올라간 이유는 명백하다. 예수는 자신의 등장과 함께 시작된, 하나님의 통치의 때를 온 이스라엘 백성에게 선포하며 이로써 '새로운 이스라엘'을 세우려는 예언자적 과제를 수행하기 위해서였다. 예루살렘은 이스라엘의 거룩한 수도일 뿐만 아니라, 전 세계 유대인들의 마음이 향하는 종교적 구심점인 성전이 있는 장소이기 때문이다. 당시 유대인들은 이스라엘의 성소인 성전에 하나님이 임재하신다고 믿었다. 그런 성전이 멸망하리라는 예수의 예언은 커다란 파장을 자아냈을 것이 분명하다.

성전 멸망에 관한 예수의 예언은 복음서 가운데 모두 5번 나타난다(막 13:2 par, 14:58 par, 15:29; 마 26:61; 요 2:19; cf. 행 6:14). 하나님나라의 시작과 더불어 성전의 파괴를 말하는 이 말씀은, 역사적 예수에게서 나온 것임이 분명하다.

또한 예수가 성전을 위협했다는 비난은 복음서 여기저기에 나온다(마 27:39-40; 행 6:13-14; 요 2:18-22). 예수의 성전 비판은 당시 유대교 제의체계 중심과 정면으로 충돌했음을 뜻한다. 그것은 사람들 사이에 예수의 진보적인 토라 해석에 대한 의혹을 불러일으켰고, 성전을 비판하는 예수는 결국 정치적인 소요를 꾀하는 자로 의심받았다. 성전 멸망에 관한 예수의 예언은 그가 예루살렘 성전 지역 안에서 일으킨 소요와 관련되어 있다.

3. 예수의 성전 항쟁
- 제의비판적 예언자적 상징 행위

성전 멸망에 대한 예수의 예언은 예수께서 돌아가시기 불과 며칠 전에 일어난 이른바 '성전정화사건'(막 11:15-17 par)과 같은 맥락에 있다. 예루살렘 성전 지역(=이방인의 뜰)에서 예수가 환전상들의 상과 비둘기 판매상들의 의자를 둘러엎는 거친 장면이 그의 온화한 이미지와 어울리지 않는다는 이유에서 이를 비역사적인 것으로 간주하기도 했다.

안토니아 성곽

이 장면에 근거해 예수를 무력항쟁을 불사한 젤롯당의 수장으로 해석하는 경우도 있다(Horsley). 하지만 이런 해석은 타당하지 않다. 만일 성전정화사건이 로마에 항거하는 무력적 성격을 띠었다면, 예루살렘을 방어하고 성전 경내의 움직임을 감찰할 목적으로 성전 북쪽 성벽에 설립된 '안토니아 성곽'에 체류하는 로마 상주군에 의해 예수와 그 추종자들에 대한 체포가 즉각적으로 뒤따랐을 텐데, 그러한 일은 일어나지 않았다.

예전에는, 성전 정화를 성전 예배의 순수성을 회복시키려는 예수의 개혁 행위로 해석했다. 다시 말해 마가복음 11장 17절에 근거하여, 부패한 제사장들에 의한 거룩한 성전의 세속화를 막으려는 예수의 의도로 보았다. 하지만 거대한 성전 지역 전체를 '정화'하는 일은 사실상 불가능하다. 게다가 이사야 56장 7절과 예레미야 7장 11절을 혼합한 인용구인 마가복음 11장 17절은 마가 특유의 도입어로 인해("이에 가르쳐 이르시되") 진정한 예수의 말씀으로 보지 않고 마가복음 11장 15-16절에 대한 후대의 해석이 첨가된 것으로 간주한다.[97]

이런 관점에서 이제는 성전정화사건을 '성전 자체'의 멸망을 나타내는 '상징 행위'로 해석하는 추세이다. 그리하여 성전 정화라는 용어 대신 예컨대 "성전 항쟁"("Tempelprotest", J. Gnilka) 혹은 "성전 축출"("Tempelaustreibung", F. Hahn), 혹은 단순히 "성전 행위"("Tempelaktion", J. Becker/G. Lohfink)라는 표현을 선호한다.

성전 항쟁을 통해 예수가 전하려는 메시지는, 유대 공회가 예수를 심문하는 중에 나온 거짓 증인들의 진술에서 가늠할 수 있다. 마

---

97) J. Roloff, *Das Kerygma und der irdische Jesus* (Göttingen, 1970), 91; J. Gnilka, *Das Evangelium nach Markus II*, 127.

가에 따르면(막 14:58) "우리가 그의 말을 들으니 손으로 지은 이 성전을 내가 헐고 손으로 짓지 아니한 다른 성전을 사흘 동안에 지으리라 하더라"고 기록되어 있다. 예수는 인간에 의해서가 아니라, 하나님에 의해 세워질 성전을 현재의 성전과 대립시킨다. 그리고 그것을 예수 자신이 지을 것이라고 말한다. 이 진술은 실로 섬뜩하다. 그래서 누가는 예수의 심문을 묘사하는 중에 이 성전 말씀 장면을 아예 삭제하고(눅 22:66-69), 마태는 "하나님의 성전을 헐고 사흘 동안에 지을 수 있다"라는 보다 완곡한 어법으로 수정한다(마 26:61).

이 진술과 관련된 실제 예수의 말씀을 완벽하게 복원하기 어려우나, 예수는 분명 종말론적 성전의 설립에 대해, 또한 그 일이 자신을 통해서 이루어질 것임을 말했을 것이다. 그것은 기존의 성전 제의체계의 중단을 뜻한다.[98]

성전 항쟁을 통해 예수는 예부터 내려온 성전 제의 시대가 끝나고 이제 종말론적인 새 시대가 열리고 있음을 공개적으로 또한 극적으로 시위했다. 이런 관점에서 성전 항쟁은 성전 제의체계를 비판하는 예수의 "예언자적 상징 행위"이다.[99] 그것은 구약의 위대한 예언자들의 상징 행위들(예컨대, 사 20:1ff; 렘 19장, 27-28장)과 연속선상에 있는 것으로서, 예수의 "메시아적 예언자"(M. Hengel) 파송 의식을 드러낸다. 이 성전 항쟁은 유대 당국자들로 하여금 예수의 제거를 실행에 옮기도록 자극한 직접적인 원인이었다.[100]

---

98) G. Lohfink, *Jesus von Nazaret*, 356.
99) J. Roloff, *Jesus* (München: Beck, 2004), 108; J. Jeremias, *Theologie*, 145; M. Hengel/A. M. Schwemer, *Jesus und das Judentum* (Tübingen: Mohr, 2007), 559. 예수의 성전 항쟁을 슐리어(H. Schlier)는 "종말론적 성취 표시"로 이해했고(*Jesu Abendmahlshandlung als Zeichen für die Welt*, Leipzig: Benno, 1970, 93ff), 한(F. Hahn)은 "희생제의의 임박한 마감에 대한 비유 행위"로 보았다(*Theologische Realenzyklopädie* XIV, 30).
100) 그러나 베커는 성전 행위 전승을 예수의 운명을 회고하는 유대 그리스도교적 시각에서

◆ 예수의 성전 항쟁 사건을 생각하면, 커다란 두려움이 밀려온다. 현재 한국교회는 사회적 조롱과 비판의 대상이 되고 있다. 이런 상황을 바라보면서 한국교회도 예루살렘 성전을 향한 나사렛 예수의 예언처럼 끝내 멸망의 길을 따라가고 있지 않은가 하는 두려움이 앞선다. 당시 대제사장을 정점으로 하는 예루살렘 성전 체제는 겉으로는 하나님이 임재하는 성전의 거룩성을 지킨다는 명목을 내세웠으나, 실상 자기들의 기득권 유지에 혈안이 되어 있었다. 그런 부패한 장소에 하나님이 계신다고 믿을 수 없었던 나사렛 예수는 성전 주변의 장사치들과 환전상을 내쫓는 예언자적인 상징 행위를 감행함으로써 성전 지배 체제에 도전했고, 그로 인해 죽음에 이르고 말았다.

아이러니하게도 하나님의 뜻을 높인다는 자들에 의해 '하나님의 아들'이 살해당하는 비극이 일어난 것이다. 그러한 비극적 상황이 오늘의 한국교회에 되풀이되지 않기만을 바랄 뿐이다. 한국교회도 예루살렘 성전의 운명을 따라가지 않도록 깨어 있어야 할 것이다. 자기만의 기득권 수호에 정신이 팔려 있는 옛 성전 세력과 달리, 오늘의 한국교회는 우리 사회에서 '빛과 소금'의 역할을 온전히 수행함으로써 하나님으로부터 칭찬받는 교회가 되길 소원한다.

나온 결과물로 보고자 한다(J. Becker, *Jesus von Nazaret*, 410). 그러면서 성전 비판의 말과 성전 행위를 예수 죽음의 직접 원인으로 보지 않고, 동시대 수많은 유대인들이 갖고 있던 예수의 사역과 진술에 대한 "전체 인상"(Gesamteindruck)이 걸림돌이 되었고, 그것이 예수 죽음의 더 심오한 원인일 가능성을 제기한다.

IV.

바울 - 유대교 근본주의자에서 그리스도의 사도로

지금까지 우리는 주로 나사렛 예수에 대해 다루었다. 이 책의 후반부가 시작되는 지금부터는 바울에 대해 다루려 한다. 역사적 인물 바울은 어떤 정체성의 변화를 겪었는지, 또한 이른바 '다메섹 체험'을 통해 그리스도의 사도로 변신한 그가 선포한 메시지의 중심을 어떻게 이해하는 것이 옳은지, 끝으로 바울과 예수의 관계를 어떻게 규정할 수 있을지의 문제에 집중하고자 한다.

기원후 30년경 십자가형을 당한 나사렛 예수와, 얼마 뒤 예수의 부활 및 오순절 성령 체험을 통해 탄생한 예루살렘 초대교회 사이에 실로 놀라운 대전환이 일어났다. '예수의 복음'으로부터 '예수 그리스도에 대한 복음'으로의 일대 전환이 일어났다. 다시 말해 복된 하나님나라를 선포하던 예수가 오히려 선포의 대상이 되었고, 그와 더불어 예수의 '하나님나라 선포'가 교회의 '그리스도 선포'로 바뀌었다! 이제부터 그리스도인들은 더 이상 역사적 인물 나사렛 예수에 매달리지 아니하고 '신앙의 그리스도'를 향해 눈을 돌렸다.

보충설명

역사적 예수에서 신앙의 그리스도로 바뀌는 대전환이 어떻게 일어났는지의 문제는 온전히 밝히기 어렵다. 이 문제를 가리켜 불트만(R. Bultmann)은 초기 그리스도교에서 일어난 최대의 미스터리라고 불렀다. 어쨌든 그런 대전환이 일어난 것은 분명한데, 그것이 어느 시점에 일어났느냐를 둘러싸고 학계에 이견이 있다. 세 사람의 입장만 간단히

소개한다:

- 다비드 슈트라우스는 신성 그리스도론을 특히 강조한 요한복음에서 그런 대전환이 선명하게 일어난 것으로 여겼다: David Fr. Strauss, *Der Chistus des Glaubens und Jesus der Geschichte: Eine Kritik des Schleiermacher'schen Lebens Jesu* (『신앙의 그리스도와 역사의 예수: 슐라이어마허적 예수의 생애에 대한 비판』), Berlin, 1865. 여기에서 슈트라우스는 요한복음에 근거한 슐라이어마허의 입장을 비판하면서 요한복음의 역사적 가치를 평가 절하했고, 요한복음을 "신앙의 그리스도"를 드러낸 책으로 보았다.
- 아돌프 하르낙은 바울에게서 그런 대전환이 발생한 것으로 보았다: Adolf Harnack, *Das Wesen des Christentums,* Leipzig, 1900. "바울은 하나님께서 그리스도 안에 계셨을 뿐만 아니라, 그리스도 자신이 고유한 신적 본질을 지니고 있었다는 사상의 기초를 놓았다"((『그리스도교의 본질』, 170).
- 마르틴 켈러는 바울보다 한 걸음 앞서 그리스도를 영접한 사도들의 설교에서 이미 그런 대전환이 일어났다고 여겼다: Martin Kähler, *Der sogenannte historische Jesus und der geschichtliche biblische Christus* (= 이른바 역사적 예수와 역사·의미적-성경적 그리스도), 1892.

그 대전환과 더불어 사람들은 예수를 '하나님의 아들'이며 '구세주'로 고백하게 되었고, 훗날 그들을 가리켜 '그리스도인들'이라 부르게 된다. '그리스도인'이란 칭호가 바울 당시에는 아직 존재하지 않았다. 바울은 자신의 편지들에서 그들을 가리켜 "믿는 자들"(살전 1:7, 2:10, 13; 갈 3:22; 고전 1:21, 14:22; 롬 3:22) 혹은 "그리스도에게 속한 자들"(고전 15:23; 갈 5:24; 롬 8:9)이라고 부른다. 그러나 그리스도를 영접하기

전 바리새인으로서 그는 '그리스도에게 속한 자들'을 박해한 장본인이었다.

이번 장에서는 바울은 어떤 정체성을 가진 사람이며, 어떤 이유에서 그리스도인들을 박해하려고 나설 수밖에 없었는지, 또한 이른바 '다메섹 사건'은 바울에게 어떤 의미의 사건이었는지에 대한 질문에 초점을 맞추려 한다.

1.
디아스포라 출신의 유대교 근본주의자였던 바울

 예수의 경우와 마찬가지로, 바울이 정확히 언제 태어났는지 말하기 어렵다. 학자들은 대략 기원후 5-10년 사이에 태어나, 60년대 초 로마 황제 네로의 그리스도인 박해 직전에(E. Lohse; J. Becker) 혹은 박해 기간(62-64년) 중에 로마에서 순교했고, 얼마 지나지 않아 베드로 역시 로마에서 처형당했을 것으로 추정한다.[101]

 먼저 바울의 출생지에 대해 살펴보자. 그는 자기 편지들 가운데 출생지에 대해 한마디도 언급하지 않는다. 다만 후대의 시각에서 바울에 관한 많은 정보를 전해 주는 누가의 사도행전에 따르면 바울의 고향은 길리기아 지방의 '다소'(Tarsus)이다. 바울은 거기에서 출생하고 그 지역의 시민으로 성장했다고 전한다.

---

101) 초기 그리스도교 전승은 바울과 베드로의 죽음을 서로 가까운 시점으로 잡으면서 두 사람의 순교를 로마 교회의 위대한 유산이라 평한다. 1세기 말경 로마에서 생성된 〈클레멘스 1서〉는 베드로가 순교를 통해 영광의 자리에 올라갔음을 말한 다음, 바울의 순교를 전제하는 다음의 진술을 한다: "일곱 번씩이나 사슬에 묶이고 내쫓기며 돌로 맞은 그는 동서양에서의 전도자로서 그의 신앙에 대한 참된 명망을 얻었다. 온 세상에 정의를 가르쳤고, 서쪽 경계선에 이르러서는 권세자들에게 복음을 증거했다. 그렇게 그는 세상을 떠나서 거룩한 곳에 도달했다. 인내의 가장 위대한 모범이다!"(5,6f)

(행 21:39) "나는 유대인이라 소읍이 아닌 길리기아 다소 시의 시민이니"

(행 22:3) "나는 유대인으로 길리기아 다소에서 났고 이 성에서 자라 가말리엘의 문하에서 우리 조상들의 율법의 엄한 교훈을 받았고 오늘 너희 모든 사람처럼 하나님께 대하여 열심이 있는 자라"

당시 '다소'는 소아시아 남쪽 지중해 연안에 위치한 헬레니즘 항구 도시이며 문화와 철학과 교육의 중심지로 유명했다.[102] 바울이 다소에서 성장한 디아스포라(=이방인 지역에 있는 유대인 공동체) 출신이라는 누가의 정보에 대해 의심할 이유가 전혀 없다.

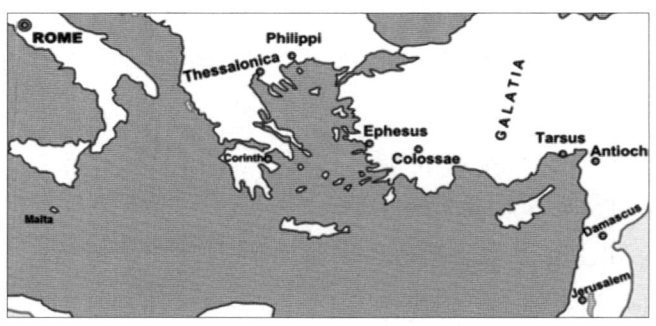

기원전 66년부터 다소는 당시 로마가 지배하던 길리기아 지역의 수도였다. 바울의 부모는 비교적 오래전에 그곳에 정착하여 살았음에 틀림없다. 그리하여 바울은 이 도시의 시민권과 로마 제국의 시민권을 모두 소지했을 가능성이 크다.[103] 이런 의미에서 바울은 "특

---

102) 고대 그리스 역사가 스트라보(Strabo, BC 63-AD 23년)에 따르면, 다소에는 아테네와 알렉산드리아를 능가하는 학교들이 있었다고 전한다(Geogr. 14,673).

103) 슈넬레(U. Schnelle)는 사도행전의 보도에 근거하여(행 16:36-38, 22:25, 23:27) 바울이 로마 시민권을 가졌을 것으로 여긴다(*Paulus: Leben und Denken*, Berlin/New York 2003, 55, 44-

혜를 입은 디아스포라 유대인"(U. Schnelle)에 속했다. 그런데 바울이 이 도시에서 정확히 언제까지 살았는지는 알 수 없지만, 그가 헬레니즘 도시 다소에서 태어나 성장기를 보냈다는 점을 생각하면 그리스 문화의 영향을 적지 않게 받았으리라는 사실은 분명하다.

보충설명

'헬레니즘'(Hellenism)이란 무엇인가? 19세기 독일의 역사가 드로이젠(Johann Gustav Droysen, 1808-1884)의 저서 『헬레니즘의 역사』(Geschichte des Hellenismus, 1836-1843)에서 유래한 개념으로 알렉산더 대왕 시대로부터 시작하여 그리스도교가 성립된 로마 제국 시기에 걸쳐 그리스식 교육을 통해 서방문화와 근동지방의 문화가 서로 혼합된 것을 가리킨다.

헬레니즘 시대는 정치적인 세력균형이 이뤄진 평화의 시기였으며, 활발한 무역과 교통을 통해 동양과 서양의 만남이 왕성해졌고, 그리스 문화가 지중해 세계 일대에 확산하기 시작한 시대였다. 공용어인 그리스어를 통해 다양한 무리의 사람들이 각자의 관심과 이상에 따라 신앙공동체를 결성하거나 활발한 교제를 나눌 수 있었던 시대이기도 하다. 이 시대에 유대교는 영향력 있는 종교로 도약하면서 도처에 디아스포라 유대인 공동체가 탄생한다.

바울은 당시 헬레니즘 세계의 공용어이면서 디아스포라 유대인

---

47). 그러나 슈테게만(W. Stegemann)은 황제에 대한 호소와 로마 이송은 로마 시민권 소유 여부와 관계가 없다는 이유에서 그런 시각에 반대한다("War der Apostel Paulus ein römischer Bürger?", in: ZNW 78, 1987, 200-229).

1. 디아스포라 출신의 유대교 근본주의자였던 바울

의 일상어이기도 한 이른바 '코이네'(Koine) 그리스어를 모국어처럼 완벽하게 구사했을 뿐만 아니라, 어려서부터 배워 익힌 '칠십인경' (LXX, 그리스어 구약성경)에 따라서 수많은 성경 구절을 자유자재로 (대체로 외워서) 인용했다. 또한 발신자와 수신자 그리고 인사말을 담은 그리스어 편지 양식에 따라 자신의 편지를 작성했으며, 이른바 '디아트리베'(Diatribe)라 부르는 헬레니즘식 대화체 논리전개법을 자신의 서신들 안에서 잘 활용할 줄 알았던 사람이었다는 사실도 그것을 뒷받침한다.

바울이 훗날 그리스도인이 되어서 독자적으로 헬레니즘 전통을 자신의 것으로 사용할 수 있는 능력을 지니게 된 것은, 그가 젊어서 헬레니즘 대도시에서 살았고 유대-헬레니즘적 교육을 받았기 때문이라고 말할 수 있다.[104] 이처럼 바울은 그리스 문화의 영향을 받았으나, 동시에 유대적인 경향을 띤 부모의 영향으로 유대교 전통에도 깊이 빠져 있었다. 이런 의미에서 바울을 가리켜 헬레니즘적 성향이 강한 유대교를 대표하는 자라고 말할 수 있다.[105]

그런데 다소에서 살던 바울이 바리새파 교육을 받기 위해 언제 예루살렘으로 갔는지 정확히 말하기 어렵다. 심지어 바울이 이방인의 사도로 부름 받기 전에 예루살렘에 머문 적이 있는지조차 의심하는 학자들도 있다(R. Bultmann, E. P. Sanders). 갈라디아서 1장 22절에서 바울이 "그리스도 안에 있는 유대의 교회들이 자신을 얼굴로는 알지 못한다"라고 말한 사실을 그 근거로 댄다. 바울 스스로도 바리새인

---

104) J. Becker, *Paulus: Der Apostel der Völker* (Tübingen, 1989), 59 참조.
105) J. Becker, *Paulus*, 53. 또한 참조하라: K. Berger, *Paulus* (München, 2008), 19. "바울은 무엇보다 헬레니즘적 유대인이다. 그의 신학 언어는 헬레니즘 유대교에서 유래했음을 거의 부인할 수 없다." F. Hahn, 『신약성서신학 I』, 대한기독교서회, 2007, 452 ("헬레니즘 유대 그리스도교 전통의 대표자").

으로서의 자신의 과거를 언급하면서 예루살렘을 거론하지 않는다.

어쨌든 예루살렘은 바리새파 교육의 중심지였다는 사실이 분명하고, 바울이 그곳에 가서 바리새파 랍비교육을 받았을 것으로 추정하는 것이 제일 무난하다. 1세기 후반의 유대 역사가 요세푸스는 유대 종파들에 대한 수업을 보통 16세에 시작했다고 자신의 『전기』 (Vita 10)에 밝히고 있는데, 이에 비추어 바울이 청소년기에(15세 정도?) 바리새파 랍비교육을 받으러 예루살렘으로 이주했을 것으로 추측할 수 있다.[106]

🍲 보충설명

2세기 말경에 편찬된 유대교 최초의 율법 모음집 '미쉬나'(Mishnah)에 담긴 '피르케 아봇' (Pirke Aboth 5:21)에서 약간의 힌트를 얻을 수도 있다. 성경 읽기를 배우기 시작하는 나이는 5세, 미쉬나를 읽는 나이는 10세, 토라 계명을 준수할 책임이 있는 나이는 13세, 결혼하기 충분한 나이는 18세, 직업을 가질 나이는 20세, 성인으로 인정받아 공직을 수행할 수 있는 나이는 30세라고 한다.

다른 한편으로 누가는 사도행전 22장 3절에서 바울이 예루살렘의 저명한 랍비교사 가말리엘 1세의 문하생으로 율법에 대한 엄격한 교육을 받았다고 전한다. 사도행전 5장 34-39절에 따르면 그는

---

106) U. Schnelle, *Paulus: Leben und Denken* (Berlin/New York, 2003), 54-55 참조.

1. 디아스포라 출신의 유대교 근본주의자였던 바울

유대교의 최고 권력기관인 산헤드린의 회원이었다.

그런데 가말리엘이 율법을 비교적 온건하게 해석한 '힐렐(Hillel) 학파'에 속했는지 확실하지 않으며, 또한 바울이 실제로 가말리엘에게서 율법 교육을 받았는지도 확인하기 어렵다. 바울 스스로 그런 사실을 말하지 않기 때문이다. 바울 당시 바리새파는 이미 하나로 통일된 종파가 아니었다. 힐렐파와 샤마이파 사이의 다툼이 있었고, 바리새파에서 나온 분파로서 무장투쟁을 불사한 젤롯당도 있었다.

아무튼 분명한 사실은, 바울은 자신이 율법의 의에 흠이 없는 바리새파에 속한 사람이었고(빌 3:5), 자기 동년배보다 더욱 조상들의 율법 전통에 열심이었던 자라는 것이다(갈 1:14).[107]

> (빌 3:5-6) "나는 팔일 만에 할례를 받고 이스라엘 족속이요 베냐민 지파요 히브리인 중의 히브리인이요 율법으로는 바리새인이요 열심으로는 교회를 박해하고 율법의 의로는 흠이 없는 자라"
> (갈 1:14) "내가 내 동족 중 여러 연갑자보다 유대교를 지나치게 믿어 내 조상의 전통에 대하여 더욱 열심이 있었으나"

교회를 박해한 '열성분자'였다고 스스로 고백하고 있는 사실에서 바울은 바리새파 중 극단적인 분파에 속한 자였음이 분명하다. 열성분자란 말은 무력과 폭력을 불사한 '열심당', 즉 젤롯당을 연상시

---

107) 요세푸스는 『유대고대사』(Ant XIII, 297)에서 조상들로부터 구전으로 전해 내려온 율법 전승을 강조함이 바리새파의 특징이라 한다: "이제 내가(=요세푸스) 밝히고 싶은 점이 있다. 바리새파 사람들이 모세의 율법 가운데 기록되지 아니한 조상들의 전승에서 유래한 몇몇 규정들을 백성들에게 전하였다는 것이다. 따라서 그들은 오로지 기록된 규정들만 지킬 것이지 조상들의 전승에서 나온 것은 지킬 필요가 없다고 말하는 사두개파 사람들을 비난했다. 이런 이유로 그들 사이에 여러 논쟁과 커다란 차이점이 생기게 되었다."

키는 단어이다.[108] 따라서 비록 바울이 젤롯당 구성원은 아니었을지라도 확실히 그는 유대교의 전통을 고수하기 위해 온 힘을 기울였던 사람이었다.

그런 의미에서 타이센(G. Theissen)과 더불어 우리는, 바울은 전통적인 유대교에 남달리 충실했던 바리새파에 속한 '유대교 근본주의자'였다고 말할 수 있다. 근본주의자라는 말은 자기가 믿는 종교의 근본적 교리에 완전히 빠져 있는 자임을 뜻하고, 따라서 그에 반하는 가르침에 대해서는 결사적으로 반대하는 자라는 뜻을 담고 있는 표현이다. 바울이 근본주의적 유대 신앙을 가진 자였다는 사실에서 향후 그리스도인들을 향해 발산한 그의 분노를 이해할 수 있다.

---

108) M. Hengel, *Die Zeloten* (Leiden, 1961), 151ff를 참조하라.

1. 디아스포라 출신의 유대교 근본주의자였던 바울

2.
바울이 행한 그리스도인 박해의 실상은?

박해자 바울에 대한 주제로 곧장 넘어가기에 앞서, 먼저 바울이 살았던 당시 예루살렘에 존재했던 최초의 그리스도교 신앙공동체인 '예루살렘 초대교회'에 대해 살펴볼 필요가 있다. 예루살렘 교회가 당시 처해 있던 상황을 알아야, 바울의 행동을 문맥에 맞게 올바로 파악할 수 있기 때문이다.

1) 바울이 등장할 무렵 예루살렘 초대교회의 상황 - 헬라파와 히브리파

예루살렘의 최초 그리스도인들은 구약 예언자들의 예언을 하나님이 드디어 성취하셨다고 믿었다. 십자가에 처형된 나사렛 예수를 하나님이 사망에서 일으키어 당신의 우편 영광의 자리로 올리셨다고 확신했기 때문이다(cf. 고전 15:3-5). 그러한 확신 위에서 그들은 예수를 하나님이 기름 부으신 메시아, 곧 '그리스도'라고 고백했다.

당시 유대교의 종말론적 메시아 대망의 전통에서 볼 때, 그런 고

백은 상상할 수 없는 일이었다. 비록 당시 다양한 메시아 표상들이 유대교 안에 존재했다 할지라도, '고난받아 죽은 메시아'란 표상은 금시초문이며 말도 안 되는 소리였다! 십자가형을 받아 죽은 나사렛 예수를 초기 그리스도인들이 메시아라고 부름으로써 이제 메시아 개념은 완전히 새로운 성격을 띠게 되었다. 예수를 메시아로 고백하는 최초 그리스도인들은 예전처럼 성전에 가서 그곳에서 열리는 제의에 참여했다(행 2:46). 다시 말해 그들은 유대적인 삶의 방식 및 제의와 단절하지 않았다. 당시 유대교에는 메시아 시대가 언제 도래할지를 둘러싸고 종파마다 서로 상이한 입장을 갖고 있었고, 따라서 예수와 더불어 메시아 시대가 열렸다는 입장을 가졌다는 사실로 인해 유대교와 단절할 이유가 없었다. 아직 '그리스도교'라는 새로운 종교가 탄생한 것은 아니었다. 그리스도인들이 그러한 확신을 갖게 된 것은 적어도 한 세대 이후의 일이다.

예루살렘 초대교회는 순수한 유대인 그리스도교 공동체였으나, 하나로 통일된 공동체는 아니었다. 그러한 사실을 우리는 사도행전을 통해서 알 수 있다. 사도행전 6장은 예루살렘 교회 안에 '헬라파'('Ελληνισταί)와 '히브리파'('Εβραῖοι)로 불리는 두 집단이 있었는데, 헬라파 과부들의 부양문제를 둘러싸고 양자 사이에 일어난 갈등에 대해 보도한다(1-6절).

여기서 '헬라파'는 디아스포라로 살다가 예루살렘으로 이주해온 사람들로서(cf. 행 6:9) 그리스어가 모국어인 유대 그리스도인들을 가리킨다. 반면 '히브리파'는 팔레스타인에 살면서 아람어를 모국어로 사용하는 유대 그리스도인들을 가리킨다. 예수의 '열두 제자'가 히브리파를 대표한 반면, 스데반을 포함한 이른바 '일곱 집사'는 헬라파

2. 바울이 행한 그리스도인 박해의 실상은?

를 대표한다.

보충설명

'헬라파' 유대인은 본래 디아스포라 출신으로서 헬레니즘의 영향을 많이 받은 유대인을 가리키는 용어이다. 이들은 대체로 진보적인 성향의 무리로서 성전예배 및 그와 관련된 제의에 대해 비판적인 거리를 두었다. 그런 부류의 유대인들이 예수의 등장 전에 이미 팔레스타인의 헬라화된 도시들 가운데 살고 있었다. 특별히 수도 예루살렘에는 디아스포라의 삶을 접고 거주지를 예루살렘으로 옮긴 디아스포라 유대인들이 적지 않게 있었다. 그들의 모국어는 아람어가 아니라 그리스어였다. 그들은 자신들의 회당에 모여 예배드릴 때도 그리스어를 사용했다. 그들 가운데 교육받은 소수는 아람어와 그리스어를 모두 구사할 수 있었으나 대다수는 그렇지 못했다. 그로 인해 예루살렘의 유대인 사회 안에는 민족적 통일성에도 불구하고 언어문제가 존재했다. 헬라파 유대인들이 복음을 영접하고 예루살렘 초대교회의 성원이 된 후에도 그러한 언어 문제를 여전히 피해갈 수 없었다.

사도행전 6장에 등장하는 '일곱 집사'는 단순히 식탁 봉사자가 아니었다(행 6:2). 그들은 무엇보다도 복음을 선포하고 기적을 행하는 선교사로서 '헬라파의 지도자'였다는 사실을 사도행전 이야기의 행간에서 알 수 있다(행 6:8, 8:5-7). 이 두 집단은 비록 예루살렘 교회에 속해 있으나, 언어적 측면과 신학적 입장에서 서로 간에 차이가 있었다. 그들의 삶의 자리가 서로 달랐기 때문에 자연스럽게 서로 다른 언어를 구사하게 되었고, 동시에 전통 유대교에 대한 입장에서도 차이가 생겨났다.

이방 디아스포라 지역에서 오래 살았던 헬라파가 유대교를 대하는 태도와 시각은 성전을 가까이에서 접하면서 살아온 본토 유대 그리스도인의 시각과 차이를 보이는 것은 너무도 당연하다. 예루살렘 성전에 기도하러 가는 히브리파 유대 그리스도인의 태도와 달리, 스데반과 헬라파는 유대 전통적인 율법 해석과 성전 제의에 대해 비판적 입장을 취했다. 스데반을 비난하는 거짓 증언자들의 진술(행 6:13-14 "이 사람이 이 거룩한 곳과 율법을 거슬러 말하기를 마지 아니하는도다")에서 그러한 사실을 감지할 수 있다.

결국 예루살렘 교회는 하나로 통일된 공동체가 아니라, 문화적·언어적인 배경에서 서로 구분되는 두 집단의 연합체였던 것이다! 예루살렘 교회의 향후 역사를 이해하기 위해서 이 점을 반드시 기억할 필요가 있다. 요컨대 두 집단(헬라파와 히브리파)이 예수를 종말론적 메시아로 고백했다는 점에서는 서로 일치하나, 유대교 전통과 토라 해석에 대한 입장에서는 차이를 보였다. 예루살렘 초대교회에 대한 이런 이해를 가지고 바울이 행한 그리스도인 박해 문제에 다가가자.

2) 바울이 그리스도인 박해자로 나선 진짜 이유는?

사도행전에 따르면, 예루살렘에서 스데반을 돌로 치는 사람들은 자신들의 옷을 벗어 사울이라 하는 청년의 발 앞에 두었다(행 7:58). 사울은 스데반의 죽음을 마땅하게 여겼으나(행 8:1), 이에 만족하지 않고 교회를 완전히 파괴하고 각 집에 들어가 남녀를 끌어다가 감옥에 넘겼다(행 8:3). 마침내 그는 다메섹에 있는 회당으로 보내는 예루살렘 대제사장의 공문을 청해 거기서 그 새로운 길을 따르는 추종자들을 만나면 남녀를 막론하고 결박하여 예루살렘으로 잡아오려고 했다(행 9:1-2).

유대인 바울이 그리스도인들을 박해하는 내용을 전하는 이와 같은 사도행전의 보도는 액면 그대로 사실 보도라고 말하기 어렵다.[109] 로마 제국 당시 유대 회당은 유대인들을 대상으로 범인을 포박하는 일이나, 회당에서 제외시키는 일과 같은 비교적 가벼운 형벌은 독자적으로 내릴 수 있었으나, 남녀를 잡아 감옥에 구금시키는 형벌은 내릴 수 없었다. 게다가 예루살렘 대제사장이 멀리 떨어져 있는 다메섹까지 효력이 미치는 그런 형벌을 내린다는 것도 사실에 부합할 가능성이 거의 없기 때문이다. 또한 바울은 갈라디아서 1장 22절에서 "그리스도 안에 있는 유대의 교회들이 나를 얼굴로는 알지 못하고"라고 힘주어 말한다.

갈라디아서 1장 23절에 따르면 유대 지역에 있는 신앙공동체들은 단지 다른 공동체들로부터 한때 박해자였던 자가 이제는 믿음을 선포한다는 사실을 전해 들었다고 한다. 그런데 바울이 말하는 유대 지역은 언제나 예루살렘을 포함한다. 이렇게 보면 예루살렘은 바울이 그리스도인들을 박해한 장소가 될 수 없다. 따라서 많은 학자들은 사도행전의 보도를 역사적인 사실 보도로 여기기보다는 저자 누가의 편집으로 간주한다. 스데반을 살해하는 장면에 바울을 등장시킴으로써 바울(사울)이 그리스도인에 대한 최초의 박해에 적극적으로 참여한 박해의 주도자였음을 강조하려 한 누가의 의도가 엿보인다. 바울의 어두운 역할을 드러내 보임으로써 이어서 묘사할 그의 극적인 회심 장면이 더욱 찬란하게 빛을 발할 수 있기 때문이다.

---

109) E. Lohse, *Paulus: Eine Biographie* (München, 1996), 49-53 참조.

사도행전의 보도와 달리, 바울 자신은 자신의 편지 어디에서도 스데반의 이름을 거론하지 않고 예루살렘 그리스도인들을 박해했다고 말한 적도 없다! 단지 자신이 "하나님의 교회"를 한때 심히 박해했다고 말할 뿐이다. 여기서 말하는 박해는, 바울이 다메섹에서 '헬라파' 그리스도인 무리를 박해한 사실을 가리키는 것으로 이해할 수 있다.

> (갈 1:13) "내가 이전에 유대교에 있을 때에 행한 일을 너희가 들었거니와 하나님의 교회를 심히 박해하여 멸하고"
> (고전 15:9) "나는 사도 중에 가장 작은 자라 나는 하나님의 교회를 박해하였으므로 사도라 칭함 받기를 감당하지 못할 자니라"

또한 바울은 자신이 바리새파 유대인으로서 율법에 충실한 삶을 살아왔다는 사실을 빌립보서에서 강조한다.

> (빌 3:5-6) "나는 팔일 만에 할례를 받고 이스라엘 족속이요 베냐민 지파요 히브리인 중의 히브리인이요 율법으로는 바리새인이요 열심으로는 교회를 박해하고 율법의 의로는 흠이 없는 자라"

위에 인용문들 가운데에 바울이 말하려는 논리는, 자신이 율법에 철저히 순종하는 삶을 살아왔다는 사실과, 다른 한편으로는 하나님의 교회를 박해했다는 사실이 서로 긴밀하게 연결되어 있다는 것이다. 다시 말해 바울은 자기가 하나님의 교회를 결사적으로 박해할 수밖에 없었던 이유를 말하고 있다. 그것은 헬라파 유대 그리스도인들이 처음으로 제기한 율법의 유효성을 둘러싼 문제였다![110] 전통적

---

110) E. Lohse, *Paulus: Eine Biographie*, 50.

인 유대교가 토라를 나눌 수 없는 하나의 완전체로 믿는 것과 달리, 헬라파 유대 그리스도인들은 토라를 온전히 수용하지 않고 내용에 따라 구분해서 수용했다.

사도행전 6장 14절에 나오는 스데반을 향한 비난("그의 말에 이 나사렛 예수가 이곳을 헐고 또 모세가 우리에게 전하여 준 규례를 고치겠다 함을 우리가 들었노라")에서도, 스데반이 토라의 유효성을 전면적으로 거부한 것이 아니라, 예수를 통한 새로운 해석을 표방했다고 보아야 한다. 헬라파 유대 그리스도인들은 전통적인 윤리 규정들은 그대로 지켰으나, 제의 관련 율법이나 성전예배 관련 토라 규정은 구시대의 유물로 간주했던 것이다.

성전 제의와 토라에 대한 예수의 비판(cf. 막 13:1-2, 11:15-17, 14:58)이 헬라파의 입장에 어느 정도 영향을 끼쳤을 수 있으나,[111] 그보다는 오히려 예수의 죽음과 부활을 하나님의 종말론적인 속죄행위이자 계시행위로 이해한 점이 헬라파의 입장 정립에 더욱 결정적이었다 (Ludger Schenke).

헬라파는 예수의 죽음이 종말론적인 희생제물로서 성전의 속죄행위를 대체한다고 믿었다. 따라서 "옛사람의 토라"와 할례를 더 이상 새로운 하나님 백성의 특징으로 여기지 않았다. 예수의 죽음과 성전에 대한 헬라파의 해석은 결국 성전에서 이루어지는 전통적인 속죄제의의 파기를 뜻했다. 손으로 지은 성전 대신에 종말론적이며 영적인 성전으로서의 새로운 신앙공동체(=교회)야말로 종말론적이며 새로운 속죄행위의 장소라고 믿었다(cf. 고전 11:24 이하).

그와 더불어 예수는 거룩한 하나님의 뜻에 따른 새롭고도 주권적

---

111) M. Hengel, "Zwischen Jesus und Paulus", in: *ZThK* 72 (1975), 151-206, 이곳 192ff.

인 계시를 보증한다고 확신했다(마 11:27).[112] 이런 시각에서 헬라파 유대 그리스도인들은 이방인들을 할례 없이 세례를 통해 자신들의 신앙공동체로 받아들일 수 있었고, 이것이 훗날 초기 교회의 발전에 지대한 영향을 끼치게 된다.

그런데 바울은 토라와 성전에 대한 헬라파 그리스도인들의 태도를 접하면서, 이들이 이스라엘의 전통적 신앙에서 이탈했다고 확신했다. 따라서 바울은 그들을 "열심으로", 즉 온 열정을 다해 적대시했고 심지어 제거해야 할 대상으로 여겼다. 그것이 이스라엘의 정결을 위해 "열심으로" 투쟁했던 조상들의 전통에 부합하는 일이라고 생각했을 것이다. 마치 구약시대 제사장 '비느하스'가 하나님의 진노의 심판을 면하기 위해 변절한 이스라엘인들을 살해한 경우(민 25:6-13)와 흡사하다고 말할 수 있다. 이런 시각에서 보면 바울의 행동은 로마의 지배에 격렬하게 저항했던 젤롯당을 연상시킨다. 물론 바울은 스스로 바리새파의 일원이었다고 밝혔기 때문에 젤롯당에 속한 사람은 아니다.

바리새파는 젤롯당처럼 정치적이며 무력을 사용한 열정에 동조하지는 않았으나, 율법에 철저하게 순종하는 삶을 살기 위한 그들의 노력은 남달랐다.[113] 성전을 섬기는 제사장 무리에게 적용되는 율법이 요구하는 정결성을 평범한 삶을 살아가는 일반 유대인의 일상의 모든 영역에서 실현하고자 애썼던 종파이다. 이런 자신들의 입장에 동조하지 않는 사람들과 거리를 두었다. 그들과의 접촉은 자신들

---

112) L. Schenke, *Die Urgemeinde* (Stuttgart/Berlin/Köln, 1990), 176-185, 189.
113) 바리새파와 젤롯당, 그리고 다른 유대 종파에 대해 필자의 졸저: 『유대교와 헬레니즘』(한국성서학연구소, 2011)을 참조하라.

2. 바울이 행한 그리스도인 박해의 실상은?

을 불결하게 만든다고 믿었기 때문이다. 바리새파는 그런 태도야말로 율법이 요구하는 '의'에 합당한 태도라고 믿었다. 이런 규범을 지킨 사람들만이 하나님의 최후 심판을 견뎌낼 수 있지, 그렇지 못한 사람들은 멸망을 피할 수 없다고 믿었다. 다시 말해 온 힘과 정성을 다해 율법의 계명들에 순종하고자 애쓰는 자만이 하나님의 백성이 될 자격이 있고, 그의 뜻을 이룰 수 있다고 믿었다.

바로 그와 같이 바울은 한 치의 어긋남이 없이 율법의 의에 순종하는 삶을 살아왔다고 확신한 바리새인이었다(빌 3:6). 따라서 율법에 철저하게 순종하는 일이 불가능할 수도 있다는 일말의 의혹을 가진 사람이 전혀 아니었다. 최후의 심판정에서 의롭다고 인정받기 위한 인생의 길을 알려주기 위해 하나님은 당신의 백성에게 율법을 수여했다고 확신했다.

율법을 하나님의 백성 된 모든 유대인이 지켜야만 하는 '의의 원천'으로 체험한 바울은, 율법의 유효성을 온전히 수용하지 않는 자는 회당에서 추방되는 것이 마땅하다고 여겼을 것이다. 이렇게 보면 '율법을 향한 열심으로' 인해 바울은 율법의 유효성과 가치를 분명하게 인정하지 않는 사람들(특히 헬라파 유대 그리스도인들)을 향한 박해에 나서게 되었다고 말할 수 있다. 그리하여 바울은 회당에서 유대 그리스도인들에 대한 박해가 일어나도록 추동하며 하나님의 교회가 진멸하도록 영향력을 행사할 수 있었을 것이다.

그런데 율법의 유효성을 온전히 수용하지 않는 헬라파 그리스도인들을 향한 바울의 박해는 더 깊은 함의를 내포하고 있다. 이들은 예수 안에 하나님의 '지혜'가 나타났다고 믿은 '지혜 기독론'(Sophia Christology)을 표방한 것으로 보인다(cf. 행 6:3, 10, 7:10, 22). 이들에게 예수는 하나님의 지혜로서 하나님의 종말론적인 계시자이면서 하나님의 뜻을 알려주는 참된 보증인이었다.

한마디로 그들은 예수 사건이 시내 산에서의 토라 계시를 극복한 것으로 믿었다. 헬라파의 이러한 신앙은 궁극적으로 선민인 이스라엘과 이방 백성들 사이의 차이를 무효로 돌리고 만다는 사실을 바리새인 바울은 간파했을 것이다. 헬라파 그리스도인들의 율법을 향한 태도는 사실상 이스라엘의 정결함을 파기하는 것이고, 이스라엘이 하나님의 선민임을 무효로 만드는 것이며, 결국 이스라엘의 신앙을 저버리는 일과 다름없다고 바울은 간주했다. 그래서 바울은 박해에 나서지 않을 수 없었다.

바울이 행한 박해의 이유와 관련하여 잠시 첨언할 것이 있다. 그 이유를 그리스도인들이 선포한 메시아 신앙에서 찾는 입장이 항간에 널리 알려져 있다. 열정적인 바리새인 바울에게 십자가에 매달려 처형된 자를 이스라엘의 약속된 메시아라고 하는 주장은 유대 신앙에 대한 조롱이며 유대인에게는 스캔들이라는 입장이다(고전 1:23). 신명기 21장 23절에 나무에 달려 죽은 자는 하나님의 저주 아래에 있다고 나오는데, 바울은 그런 자를 이스라엘의 메시아로 부르는 것을 도저히 참아내지 못하고 박해에 나섰을 것이라고 한다.[114] 물론 이런 시각에도 일리가 있으나 전적으로 그렇다고 단정하기 어렵다.

나사렛 예수가 그동안 기다려 왔던 바로 그 메시아라고 그리스도인들이 선포한 사실이 바울로 하여금 박해에 나서도록 동기 부여한 부차적인 이유는 될 수 있으나, 주된 근본적인 이유라고 말하기는 어렵다. 신구약 중간기에는 다양한 종파들이 존재했듯이 다양한 메시아관이 존재했고, 어떤 종파가 특정한 메시아관을 따름이 박해의

---

114) 예를 들면, U. Schnelle, *Paulus: Leben und Denken*, 74-75.

이유가 될 수 없기 때문이다. 더군다나 '메시아 테마'는 당시 율법 논쟁의 중심에 있지도 않았다는 사실도 그것을 뒷받침한다.

바울이 그리스도인 박해에 나서게 된 이유를 다른 각도에서 설명하는 학자도 있다. 하이델베르크의 신약학자 클라우스 베르거(Klaus Berger)에 따르면 바울은 성령 충만하다고 확신한 그리스도인들을 "거짓 예언자"로 간주하여 공격했을 가능성이 크다 한다.[115] 데살로니가전서 2장 14-15절에서 "유대에 있는 하나님의 교회들"과 관련된 문맥에서 바울이 선지자들에 대한 박해를 언급하고 있는데, 이 언급은 누가가 스데반 및 다른 헬라파 대표자들을 가리켜 "믿음과 성령이 충만한 사람"(행 6:5)이라고 부르는 것과 잘 어울린다는 이유에서다. 이제 누가가 사도행전에서 묘사하는 이른바 '다메섹 사건'에 대해 살펴보자.

---

115) K. Berger, *Paulus* (München, 2008), 13.

3.
다메섹 체험 -
바울의 삶과 신학의 중심

1) 사도행전이 묘사하는 다메섹 사건 - 회심 이야기

바울의 다메섹 사건을 보도하는 사도행전은, 바울이 60년대 초엽에 순교한 후 적어도 한 세대가 지나서 대략 기원후 90년 전후에 기록된 누가의 작품이다. 다시 말해 바울이 순교하고 1-2세대가 지난 후에야 기록된 작품이다.[116] 게다가 저자 누가는 신약의 다른 저자와 달리 헬레니즘 문화에 정통했을 뿐만 아니라, 빼어난 상상력과 작가적 재능을 겸비한 성경 저자였다. 이는 바울에 대한 보도 가운데 저자 누가의 관점이 담겨 있음을 뜻한다. 이와 같은 이해를 갖고 누가가 묘사하는 다메섹 사건을 살펴보자.

예루살렘 교회의 한 분파인 헬라파의 지도자이며 최초의 그리스도교 순교자인 스데반이 돌에 맞아 죽을 때 바울도 거기에 있었다 (행 7:58). 스데반이 순교한 후 바울은 유대 회당의 지시에 따라 예수

---

116) 이에 대한 근거를 알고자 하는 자는 필자의 졸저, 『독일학계의 최신 연구를 반영한 신약성경해설』(한국성서학연구소, 2013)을 참조하라.

추종자들을 압박하기 위해 낯선 영역인 다메섹으로 달려갔다(행 9:1-3). 다메섹으로 가는 도중 바울은 환상 가운데 부활하신 예수 그리스도를 만나는 놀라운 사건을 체험한다. 이른바 바울의 '다메섹 체험'이다. 이 사건은 예수가 사망한 뒤 2년 정도가 지난 기원후 32년경에 일어났다. 사도행전에서 누가는 이 다메섹 사건을 극적인 '회개 이야기'로 묘사한다. 바울이 그리스도 박해자에서 그리스도 증언자로 완전히 변신하는 이야기다.[117]

다메섹 체험 이야기의 줄거리는 대략 다음과 같다: 바울(=사울)이 예루살렘 대제사장의 공문을 받아 들고 그리스도인들을 끌고 오려고 다메섹으로 떠난다. 다메섹에 가까이 이르자 바울은 '홀연히 하늘로부터 오는 빛 가운데' 부활한 예수 그리스도를 만나 고꾸라진다. 이어서 일시적으로 눈이 멀게 되고, 다

메섹으로 가서 그리스도인인 아나니아에게서 보살핌을 받는다. 바울은 성령 충만을 체험하자 '눈에서 비늘 같은 것이 벗어지면서' 시력을 회복하고, 아나니아로부터 세례를 받고 거듭나는 이야기다.

누가의 경우 세례에 이어서 안수를 통한 성령 영접이 일반적이나 (행 8:4-25, 19:1-7), 이곳에서는(또한 행 10:44 이하의 고넬료 이야기에서) 흥미롭게도 순서가 뒤바뀌어 성령 체험 후 세례 받는 장면으로 묘사된다.

위의 이야기 가운데 바울의 사도직과 관련된 언급은 전혀 나타나

---

117) 다메섹 체험 이야기는 사도행전 22장 6-16절, 그리고 26장 9-18절에서 다시 반복된다. 그 중 사도행전 26장의 이야기가 가장 분명한 '소명 이야기' 형태를 띠고 있다(특히 16-18절).

지 않는다. 그리스도는 아나니아에게 사울이 예수의 이름을 지니고 고난받게 될 것을 말했을 뿐이나, 아나니아는 이를 사울에게 알리지 않고 단지 사울을 치유하고 세례를 베푼다. 그 결과 바리새파 출신의 강퍅한 그리스도 박해자가 열정적인 선교사로 거듭난다. 따라서 누가가 묘사하는 이 이야기는 '회개의 이야기'다.[118]

여기서 조심해야 할 사항이 있다. 바울의 '회개'에 대해 말한다고 하여 그가 다메섹 체험으로 인해 유대교에서 그리스도교라는 새로운 종교로 개종한 것으로 이해하면 곤란하다. 바울이 활동하던 시기에는 아직 유대교와 구분되는 그리스도교가 존재하지 않았기 때문이다. 예수를 메시아로 고백하는 신앙공동체가 유대교의 울타리를 벗어나 전적으로 새로운 종교인 그리스도교로 거듭나게 되는 것은 대략 유대전쟁이 끝난 기원후 70년 이후의 상황이다. 바울의 '회개'란 현대적 개념으로 말하면 바울이 겪은 '인생의 대전환'을 뜻한다. 이제까지의 삶의 방향이 180도 바뀌었음을 나타내는 표현이다.

또한 바울의 다메섹 체험과 관련하여 흔히 그리스도인을 박해하던 유대인 사울이 회개하고 거듭나서 '바울'(Παῦλος)로 이름을 바꾸었다는 시각이 널리 퍼져 있고, 목회자들은 이 장면을 가지고 감동적인 설교를 하곤 하는데, 실상은 그렇지 않다. '사울'(Σαῦλος= שאול)은 단지 바울의 유대식 이름일 뿐이고, 바울의 그리스식 이름은 '파울로스', 즉 바울이다. 다시 말해 '바울'이란 이름은 사울이 회개하고 난 다음에 새롭게 얻은 이름이 아니라는 뜻이다. 오늘날 미국으로 이

---

118) 사도행전 9장의 보도를 구약성경이나 유대 헬레니즘적 선전문학의 모티브와 형태를 취한 '회개 이야기'로 이해하는 학자들이 있다. 부르카르트(Chr. Burchard, *Der dreizehnte Zeuge*, 1970, 59-88)는 사도행전 9장이 유대-헬레니즘적 소설인 "요셉과 아세넷" 1-21장에 나오는 회개 이야기에 상응한다고 본다. 반면 구약학자 침멀리(W. Zimmerli)는 구약의 "소명 보도"(사 6장)를 모방한 것으로 간주한다.

3. 다메섹 체험 – 바울의 삶과 신학의 중심

민 가서 사는 사람들이 한국 이름과 영어 이름을 동시에 갖고 있는 것과 같다.

이러한 속설은 근본적으로 사도행전에서 바울의 선교사역을 묘사하는 누가 자신에게서 비롯된 것이다. 누가는 사도행전 전반부에서(행 7:58-13:7) 바울을 '사울'로 부르다가 사도행전 13장 9절부터는 주로 '바울'로 바꿔 부른다(행 14:4, 14는 예외).[119] 아마도 세계를 무대로 하는 선교사역을 강조하기 위해 로마식 이름이 더 적합하다고 누가가 생각한 모양이다. 한마디로 이름 사용의 변화는 누가의 문학적 장치이다!

바울 스스로는 자신의 모든 편지들 안에서 항상 '바울'이란 이름만 사용했다. 그래야 로마 시민으로 안전하게 제국을 돌아다닐 수 있다고 생각했을 것이다. 아무튼 다메섹 사건은 바울의 모든 사고와 행위를 결정적으로 지배했으며, 또한 그의 삶과 신학의 중심을 이룬 의미심장한 사건이었다.[120]

2) 바울의 관점에서 본 다메섹 체험 – 소명 사건, 계시 사건, 깨침의 사건

① 바울 자신은 다메섹 사건을 복음사역을 위해, 부활하신 그리스도가 은혜로 자기를 부른 사건, 즉 '소명 사건'(갈 1:15-17)으로 이해했다. 이 점이 갈라디아서에 명확하게 나온다. 하나님의 아들 예수 그리스도를 이방인들에게 선포하기 위해 '하나님의 은혜로 바울을

---

119) 사울이 구브로의 로마 총독 Sergius Paulus와 만나는 시점에 누가는 교묘하게 '바울'이란 이름을 언급한다(행 13:9 "바울이라고 하는 사울이 성령이 충만하여").
120) Ch. Dietzfelbinger, *Die Berufung des Paulus als Ursprung seiner Theologie* (Neukirchen-Vluyn, 1989). 조경철 역, 『사도 바울의 회심 사건』 (감신대 출판부, 1996).

부르신' 사건이라고 말한다:

(갈 1:15) "내 어머니의 태로부터 나를 택정하시고 그의 은혜로 나를 부르신 이가"

② 소명 사건인 다메섹 사건은 동시에, 바울에게 일어난 하나님의 '계시 행위'였다. 그것은 고린도전서 15장 8-11절에 명확히 드러난다. 부활하신 예수 그리스도가 게바와 열두 제자에게뿐만 아니라 맨 마지막으로 바울에게도 "보이셨다", 즉 계시되었다고 말한다.

"앉아서 기록하는 성 바울"(9세기 초반)

(고전 15:8-11) "맨 나중에 만삭 되지 못하여 난 자 같은 내게도 보이셨느니라 나는 사도 중에 가장 작은 자라 나는 하나님의 교회를 박해하였으므로 사도라 칭함 받기를 감당하지 못할 자니라 그러나 내가 나 된 것은 하나님의 은혜로 된 것이니 내게 주신 그의 은혜가 헛되지 아니하여 내가 모든 사도보다 더 많이 수고하였으나 내가 한 것이 아니요 오직 나와 함께하신 하나님의 은혜로라 그러므로 나나 그들이나 이같이 전파하매 너희도 이같이 믿었느니라"

3. 다메섹 체험 – 바울의 삶과 신학의 중심

③ 또한 빌립보서 3장 8절에 근거하여 바울의 다메섹 체험은 "내 주 그리스도 예수를 아는 지식"을 깨달은 일종의 "깨침의 사건"으로 이해할 수도 있다.[121] '깨친다는 것'은 '알다'와 같은 의미이다. 예수 그리스도가 어떤 분인지를 올바로 알아야 우리는 참다운 그리스도인이 될 수 있을 것이다.

바울은 다메섹 체험이 사도로 부름 받은 소명 사건임을 특별히 강조했다. 즉 부활하신 분과의 만남을 통해 자신이 "이방인을 위한 사도"라는 특별한 소명을 부여받은 점을 부각시켰다. 다메섹 사건 이후 바울은 유대 근본주의적 신앙을 가진 유대교 교사에서 "유대교의 보편적 개방운동의 지도자"(Theissen)로 변신하여 그리스도에 관한 복음을 사람들에게 전하는 것을 일생의 소명으로 삼았다.[122] 이 다메섹 사건은 대략 32년이나 33년경에 일어난 일로 추정된다. 즉 예수가 십자가에 돌아가신 후 2-3년 정도 지난 뒤의 일이다. 갈라디아서에서 바울은 다메섹 체험 후의 활동을 다음과 같이 진술한다.

> (갈 1:16-19) "그의 아들을 이방에 전하기 위하여 그를 내 속에 나타내시기를 기뻐하셨을 때에 내가 곧 혈육과 의논하지 아니하고 또 나보다 먼저 사도 된 자들을 만나려고 예루살렘으로 가지 아니하고 아라비아로 갔다가 다시 다메섹으로 돌아갔노라 그 후 삼 년 만에 내가 게바를 방문하려고 예루살렘에 올라가서 그와 함께 십오 일을 머무는 동안 주의 형제 야고보 외에 다른 사도들을 보지 못하였노라"

---

121) K. Haacker, *Der Brief des Paulus an die Römer* (Leipzig, 2012), 5.
122) G. 타이센, 『그리스도인 교양을 위한 신약성서』 (서울: 다산글방, 2005), 68. 페르디난트 한 (F. Hahn)은 바울을 가리켜 "헬레니즘적 유대 그리스도교 전통의 한 대표자"라 부른다 (*Theologie des NT I*, Tübingen, 2002, 386).

바울이 소명을 받은 직후에 정확히 어디서 무엇을 했는지 알려진 것이 없다. 갈라디아서 1장 17절에서 바울은 소명 받은 후 누구에게서도 조언을 받지 않았다고 한다. 그는 다메섹에 있는 그리스도교 신앙공동체로 가거나 혹은 자기보다 먼저 사도 된 예루살렘에 있는 사도들에게 가지 않고 우선적으로 '아라비아'로 갔다.

보충설명

당시 '아라비아'는 아레타스 4세(Aretas IV, 기원전 9년-주후 40년)가 다스리는 '나바테아 왕국'을 가리킨다(참조 행 9:19-25). 그 나라의 수도가 '페트라'였다. 오늘날 남부 시리아와 요르단, 그리고 사우디아라비아 북서쪽을 포함하는 지역이다. 고린도후서 11장 32-33절에서 바울은 아레타스 왕의 총리가 다메섹에서 자신을 체포하려고 했으나, 광주리를 타고 성을 탈출했다고 전한다. 아레타스 왕은 기원후 40년에 사망했기 때문에 이 사건은 그 이전에 일어났을 것이다. 바울은 아라비아에서 한동안 복음을 선포했지만, 이에 대하여 침묵하는 것으로 미루어 선교의 성과가 적었던 것으로 보인다.

4.
사도적 정체성에 담긴 바울의 자기이해

아무튼 다메섹 체험을 통해 바울은 지금껏 고수해 온 유대교 근본주의자로서의 정체성을 버리고 새로운 정체성을 갖게 되었다. 그것은 '이방인을 위한 사도'로서의 정체성이다(갈 1:16). 바울은 언제나 부름 받은 사도로서의 정체성을 가지고 자기가 세운 모든 교회들에게 다가갔다(예, 롬 1:1 "예수 그리스도의 종 바울은 사도로 부르심을 받아"). '사도'라는 개념은 기본적으로 '파송 받은 자', '전령자'를 뜻한다. 다시 말해 예수 그리스도로부터 파송을 받은 '그리스도의 사도'라는 사실을 나타낸다. 바울은 자신이 부여받은 사도적 권위는 어떤 인간에 의해 수여된 것이 아니라, 부활하신 그리스도로부터 위임 받은 권위이며 하나님의 뜻에 따른 것임을 힘주어 강조한다:

> (갈 1:1) "사람들에게서 난 것도 아니요 사람으로 말미암은 것도 아니요 오직 예수 그리스도와 그를 죽은 자 가운데서 살리신 하나님 아버지로 말미암아 사도 된 바울은"

고린도전서에서 바울은 "맨 나중에 만삭 되지 못하여 난 자 같은 내게도 보이셨다"(고전 15:8)라는 말을 한다. 실상 이것은 모욕적인 표현이다! 이 진술은 사도의 '서클'을 구성하는 문이 영구히 닫히기 전에 바울을 그 서클에 확실히 포함시키기 위해 바울의 출생을 비정상적으로 재촉해야만 했다는 사실을 뜻한다. 이로써 바울은 자신이 그리스도의 '마지막 사도'라고 확신했음을 알 수 있다. 이러한 진술의 배경에는 바울의 사도직의 정당성을 의심하는 비판자들을 향한 항변이 깔려 있다. 즉 자신의 사도직은 근거 없이 주어진 것이 아니라 명백히 그리스도로부터 위임받은 참된 사도직이란 사실을 비판자들을 향해 주장했던 것이다.

그런데 '그리스도의 사도'라는 바울의 정체성에는, 바울 특유의 4가지 강조점이 있다.

① 바울의 사도적 권위는 자신의 인격을 드러내기보다는 '복음의 권위'를 변호하기 위한 것이었다. 오늘날 목회자들은 대체로 '목사'로서의 권위를 지나치게 높이려는 경향이 있다. 교회 권력이 교회 내의 최고 권위자로 통하는 목사에게 집중됨으로 인해 많은 문제가 발생하곤 한다. 오늘날 대형교회의 문제가 불거지는 이유가 바로 거기에 있다. 그러나 바울의 우선적 관심사는 복음의 권위, 즉 '복음의 진리'를 드러내는 것이었다(cf. 갈 2:6-9).

② 바울은 '이방인을 위한 사도'라는 확고한 자의식을 갖고 있었다. 로마서 1장 5절에서 "그의 이름을 위하여 모든 이방인 중에서 믿어 순종하게 하는 은혜와 사도의 직분을 받았다"라고 말한다(cf. 갈 1:6; 롬 11:13). 이런 진술에는 이방인을 개종시키기 위한 소명을 맡은 자로서의 사도라는 새로운 의미가 담겨 있다. 바울 당시 유대교,

즉 신구약 중간기 유대교는 유대인의 민족종교로서 안주했다. 적극적인 선교를 강조하는 종교가 아니었다. 당시 존재했던 여러 유대교 종파들(예컨대, 바리새파, 에세네파, 열심당파)은 자신들이 내세우는 언약 의무를 향해 헌신하는 동족 유대인들을 규합하고자 노력했을 뿐이지, 이방인 선교에는 그다지 관심이 없었다. 이러한 당시 상황에도 불구하고, 바울은 '이방인을 위한 사도'로서의 자의식을 갖게 되었고, 그 결과 그리스도교를 선교적 종교로 만드는 데 결정적인 기여를 했다.

③ 이방인을 위한 바울의 사도직은 '이스라엘의 사도'로서의 역할과 직결되어 있다. 그래서 바울은 자신의 소명을 예레미야 1장 5절에 나오는 예언자적 소명으로 이해했을 뿐만 아니라, 이사야서에 나오는 '하나님의 종'(사 49:6)과 관련하여 이해했다.

④ 마지막으로 바울은 '종말론적인 사도'로서의 자의식을 갖고 있었다. 즉 자신의 사도직을 종말론적인 소망과 연결하여 생각했다. 바울은 자신의 혈족 이스라엘 백성이 하나님에게서 버림받았기 때문에 이방인에게 간 것이 아니라, 이방인을 향한 사도로서의 자신의 성공이 "동족들에게 질투를 일으켜" 이들을 그리스도 신앙으로 초대하고자 함이었다.

◆ 유대교 근본주의자였던 바울은 다메섹 체험을 통해 '그리스도의 사도'로 일대 변신을 한 후, 온 세상에 구원의 소식을 전하리라는 원대한 비전을 품었던 스케일이 큰 사람이었다. 그는 광대한 로마제국을 자비량으로 돌아다니면서 혼신으로 복음을 전하다가 순교로 생을 마감한 실로 위대한 믿음의 선배이다. 그가 보여준 리더십은 자기가 설립한 교회들을 권위적으로 다스리는 리더십이 아니라,

사람들을 복음의 빛에 따라 섬기는 낮은 자세의 리더십이었다. 오늘날 한국교회에서 찾아보기 어려운 리더십이다.

바울은 자신의 사도직을 그리스도로부터 수여받은 것으로 확신했다. 대적자들이 그의 사도적 정당성을 의심하며 비판했으나, 바울은 그런 비난에 단호하게 맞서며 사도직을 변호했다. 그것은 결코 자기를 내세우기 위함이 아니라, 자기가 선포하는 그리스도 복음의 정당성을 자랑하기 위함이었다. 사도의 자의식을 가진 바울과 우리를 직접 비교하는 것은 분명 무리이다. 그럼에도 우리 모두 바울을 본받아 각자 하나님으로부터 부름 받은 신앙인이라는 확고한 자의식을 가진 그리스도인이 되었으면 좋겠다. 그런 자의식을 가진 자로서 우리에게 맡겨진 역할을 각자의 자리에서 최선을 다해 행하는 그런 사람들이 되길 소망한다.

V.

바울신학의 중심 – "새 관점"의 주장은 얼마나 새롭고 타당한가?

이 장에서는 바울신학의 중심을 둘러싼 문제에 대해 다루고자 한다. 바울신학의 중심을 '칭의론', 즉 믿음으로써 의로 워진다는 가르침(=以信稱義論)으로 이해하는 관점은 종교개혁시대 이후 확고하게 자리 잡은 전통적인 입장이다. 개신교 전통은 대체로 칭의론을 단지 바울신학의 중심으로 간주할 뿐만 아니라, 한 걸음 더 나아가 "정경 중의 정경"(Canon in Canon)이며 신약성경의 중심이라 여긴다. 저명한 조직신학자 틸리히(Paul Tillich, 1886-1965)는 칭의론을 "개신교의 원리"라고 불렀다.

그런데 이러한 전통적, 루터적 바울해석을 비판하면서 바울신학을 새로운 시각에서 조명해야 할 것을 요청하는 이른바 "바울에 대한 새 관점"(New Perspective on Paul)이 현재 영미권 신학계에 크게 유행하고 있다. 칭의론에 대한 도전은 현대에 들어와 처음으로 제기된 것이 아니라 이미 오래전부터 있었다. 이 장에서는 바울의 칭의론을 둘러싼 학계의 주요 논쟁을 소개하는 것과 아울러 바울신학의 중심으로서의 칭의론의 의미에 대해 살펴보고, 마지막으로 칭의론 대신 제안된 몇몇 대안에 대해 소개하고자 한다. 칭의론을 처음으로 발견한 루터에게서 시작하자.

1. 루터가 발견한 칭의론과 그 중요성

종교개혁신학의 유명한 구호인 "교회를 세우기도 하고 넘어지게도 하는 조항"(articulus stantis et cadentis ecclesiae)은 다름 아닌 칭의론을 가리킨다. 16세기의 종교개혁 이후 칭의론은 그리스도교 구원론의 핵심을 이루고 있

마르틴 루터

Augsburg "성 안나 교회"
(St.-Anna-Kirche)
칭의론 관련 공동성명 기념물

다. 또 20세기 말에 들어와 칭의론은 교회 연합을 위한 합의의 핵심 대상이 되었다. 그리하여 1999년 10월 31일 종교개혁의 날에 루터교 세계연맹(LWF)과 로마 가톨릭 교회가 칭의론에 합의했고, 뒤늦게 2006년에 감리교회도 동참한 공동성명은 칭의론을 가리켜 "교회의 전체 가르침과 실

천을 끊임없이 그리스도로 향하게 만드는 포기할 수 없는 규범"이라 부른다. 칭의론의 위세는 21세기에 와서도 여전히 대단하다!

루터는 이처럼 중요한 칭의론을 발견했을 때의 감격과 흥분을 훗날 다음과 같이 회고했다.

"금년에 나는 다시 시편으로 돌아가 재차 주석을 하고자 했다. 로마서와 갈라디아서 또한 히브리서를 강의에서 다룬 뒤라 그 작업을 하는 데 한층 능숙한 상태에 있으리라 믿었다. 그런데 갑자기 로마서의 바울을 이해하고픈 열망이 나를 사로잡았다. 하지만 그때까지 나를 방해한 것은 냉담이 아니라, '하나님의 의가 나타나서'(롬 1:17)라는 한 마디였다. 나는 '하나님의 의'라는 이 단어를 증오했다. 이 단어를 나는 모든 교사로부터 일상적인 용법으로 배웠는데, 이른바 형식적이거나 능동적인 의에 대하여 철학적으로 이해하는 일이었고, 이로써 하나님은 의로우시며 죄인과 불의한 자들은 심판을 받는다는 것이었다. 하지만 내가 아무리 수도자로서 흠 없이 살고 있다 할지라도, 하나님 앞에서는 양심의 불안함을 느낄 수밖에 없었으며 또한 나의 내적 만족감을 통해 화해되었다는 사실에 나를 맡길 수 없었다. 그래서 나는 의로우시며 죄인을 심판하시는 하나님을 사랑하지 못했다. 아니, 증오했다. 그래서 짜증을 내거나 하나님에 대해 엄청난 불평을 늘어놓았다. 가련하며 원죄로 인해 영원히 멸망 받은 죄인이 십계명의 율법을 통해 심판의 나락에 버려졌다는 사실만으론 부족한지, 한 걸음 더 나아가 하나님은 복음을 통해 고통에 고통을 더하며 복음을 통해서까지 당신의 공의와 진노로 우리를 위협하고 계신 듯이 말이다. 황폐하며 혼잡스런 나의 마음은 미친 듯 갈팡질팡

했다. 그럼에도 나는 바울의 그 구절에 매달려서 도대체 바울이 무엇을 원하는지를 알고자 하는 갈증으로 뜨겁게 달아올랐다. 하나님의 자비하심에 힘입어 밤낮으로 계속해서 그 문제에 대해 골몰하다가, 이 말의 문맥에 유의하게 되었다. '하나님의 의가 나타나서, 기록된 바 의인은 믿음으로 말미암아 살리라.' 그때 나는 하나님의 의를 깨닫기 시작했다. 의인은 하나님의 선물인 하나님의 의를 통해서 살게 되니, 즉 믿음으로 말미암아 산다. 그 뜻은 이러하다. 복음을 통해 하나님의 의가 계시되었으니 곧 수동적인 것이고, 이로써 자비로우신 하나님은 우리를 믿음을 통해 의롭게 하시니, 기록된 바 '의인은 믿음으로 말미암아 살리라.' 바로 그때 나는 새롭게 태어난 듯했으며 환히 열린 문을 통해 바로 낙원에 들어간 것과 같이 느꼈다. 바로 그때 곧장 성경 전체가 새로운 얼굴로 내게 다가왔다. 그러자 나는 기억을 통해 성경을 훑어가면서 다른 어휘 안에도 나타나는 상응하는 표현을 보았다. '하나님의 활동' 그것은 하나님이 우리 가운데 활동하신다는 것을 뜻하며, '하나님의 권세'는 하나님이 우리에게 권세를 주신다는 뜻이며, '하나님의 지혜'는 우리를 지혜롭게 만드신다는 뜻이며, '하나님의 강직함', '하나님의 구원', '하나님의 영광'도 마찬가지이다. 예전에 내가 '하나님의 의'라는 개념을 그토록 증오했으나, 이제는 내게 가장 달콤한 말로서 엄청나게 사랑하게 되었다. 바울의 이 구절은 내게 참으로 낙원으로 들어가는 문이었다"[123](사역).

루터는 자신이 예전엔 "하나님의 의"(iustitia Dei)**라는 개념을 매우**

---

[123] 여기에 제시된 루터의 진술은 라틴어로 1545년에 출판된 비텐베르크 판 첫 권의 서문에 나온다. 라틴어 본문은 바이마르판(WA 54, 185,12-186,16)에서 찾을 수 있다.

"증오했다"고 한다. 이 개념을 "형식적이며 능동적인 의"를 파악하는 가운데 죄인과 불의에 대해 선언하는 하나님의 심판으로 이해했기 때문이었다. 그러나 밤낮으로 이 본문에 대해 숙고한 뒤, 하나님의 자비를 통해서 비로소 "하나님"과 "의"라는 두 단어의 연결이 무엇을 의미하는지 이해할 수 있게 되었다고 한다. 하나님의 의는 복음 가운데 계시된 하나님의 선물로서 하나님의 구원행위를 가리키며, 이를 통해 하나님이 믿는 자들을 의롭다고 선언하신다는 뜻이다.

그리하여 루터는 예전엔 그토록 증오했던 개념을 이제는 진정 사랑하게 되었다고 말한다. 여기서 분명해진 것은, 바울이 말하는 "하나님의 의"는 의로운 심판가로서 행동하기 위해 지니고 있는 하나님의 특성이 아니라(iustitia formalis seu activa), 인간이 하나님에게서 영접하는 인간의 특성을 말한다는 사실이다(iustitia passiva). 그것을 하나님의 의라 부르는 까닭은, 자비로우신 하나님으로부터 온 "하나님의 선물"로서 "믿음으로 말미암아"(ex fidem) 또 "믿음을 통해서"(per fidem) 선사되고, 그 결과 인간을 "의롭게 만들기"(iustificat) 때문이다. 따라서 하나님의 의는 두 가지 차원에서 일어나는 변화, 즉 하나님의 능동적인 의로부터 인간의 수동적인 의로 변화됨을 나타낸다.[124]

루터는 칭의론을 가리켜 "교리 중 가장 중심적인 교리"이며, "해, 낮, 교회의 빛"이라고 불렀다(WA 40 III, 335,5-10). 또한 1537년 논쟁에서 "칭의에 관한 조항은 선생이고, 영주이며, 주님이며, 인도자이며, 모든 교회 교리가 증명하고 유도하며 우리 양심이 하나님 앞에서 지향하는 모든 종류의 교리를 판단하는 심판자"라고 선언했다(WA 39 I, 205, 2-5).[125]

---

124) M. Wolter, *Der Brief an die Römer*, EKK VI/1 (Neukirchen-Vluyn: Patmos, 2014), 121.
125) B. 로제, 『마틴 루터의 신학』, 정병식 역 (한국신학연구소, 2003), 360.

또한 1520년에 기록한 소책자 『그리스도인의 자유에 대하여』에서 루터는 그리스도인의 자유는 행위에 의존하는 것으로부터 해방되는 것이고, 자아를 채찍질하면서, 세상의 제도적인 형식으로부터 벗어나 오직 신앙에 의해서 의롭게 된다는 즐거운 확신을 바탕으로 해서 적극적으로 살아가는 것을 의미한다고 말했다. 한마디로 그리스도인이 누리는 자유는 칭의론의 결과라는 점을 강조하였다.[126]

독일의 역사신학자 베른하르트 로제(Bernhard Lohse, 1928-1997)는 루터의 칭의론이 갖는 교회사에서의 중요성에 대해 다음과 같이 말했다: "모든 신학사 및 교리사를 통해서 볼 때 그리스도교 신앙의 가장 중요한 진리를 그와 같은 방식으로 하나의 특정한 조항에 집중시킨 것은 처음 있는 일이었다… 16세기 이전에는 칭의론이 결코 루터에게서와 같은 의미를 지니지 못했다. 어거스틴 및 펠라기우스와의 논쟁 이후로 죄와 은총에 관한 교리는 특별히 스콜라에서 거듭 재고되었고, 다양한 방식으로 전개되었다…그러나 특정한 조항에 대해 루터가 보여준 바와 같은 그러한 집중력은 전례가 없는 것이다."[127]

---

126) 김주한, 『마르틴 루터의 삶과 신학이야기』 (대한그리스도교서회, 2002), 104.
127) B. 로제, 『마틴 루터의 신학』, 360-361.

1. 루터가 발견한 칭의론과 그 중요성

2. 칭의론에 대한 도전

 루터가 특별히 로마서 1장 17절에 나오는 "의인은 믿음으로 말미암아 살리라"는 칭의론의 메시지를 "성경의 중심"(Mitte der Schrift)으로 발견한 이후 서구 신학계는 오늘에 이르기까지 바울신학의 중심을 '칭의론'으로 바라보는 시각에 대체로 동의하고 있다. 그러나 모두가 그런 입장에 동의한 것은 아니었다. 18세기 이후 바울의 칭의론은 꾸준히 도전을 받아 왔다. 바울의 칭의론은 예수의 선포와 대립 관계에 있으며, 바울신학의 중심도 아니고 단지 제한된 기능만 가질 뿐이라 생각하는 학자들이 있었다.

 1) 브레데(William Wrede, 1859-1906)

 20세기 초에 '종교사학파'의 연구가 유행하면서 초창기 그리스도교의 생성과 발전을 주변 종교와의 상호관계성 속에서 파악하고자 했다. 이러한 방식을 신약성경에 적용하면서, 칭의론에 대한 전통적인 입장에 반기를 들었다.

종교사학파의 거장이며 브레슬라우 대학교 신약학 교수인 브레데는 종교사적인 면에서 볼 때 바울의 칭의론을 결코 바울사상의 중심으로 간주할 수 없다고 주장했다(Paulus, ²1907). 칭의론이 아니라 인간을 변화시키는 "구원의 종교"가 바울 사상의 중심에 있다고 보았다. 이것을 깨달은 바

빌리암 브레데

울은 유대교에서의 분리를 감행할 수 있었다고 한다. 또한 칭의론은 바울이 유대교와 논쟁을 벌일 때에만 나타난다는 이유에서 브레데는 바울의 칭의론을 당시 상황과 관련된 "투쟁론"으로 파악하였다.

2) 슈바이처(Albert Schweitzer, 1875-1965)

알베르트 슈바이처는 브레데의 견해를 새로운 각도에서 수용했다.[128] 바울에게 나타나는 칭의론은 바울이 갖고 있던 구원 종교라는 중심 주제에서 형성된 하나의 주변적 주제에 불과하다고 보았다. 다시 말해 '그리스도 안에 있는 존재의 신비'라는 구원론에서 파생된 일종의 "부산물"이며, 그것은 바울이 율법과 논쟁을 벌일 때 생겨난 것으로 여겼다. 슈바이처는 바울의 구원론을 묵시문학적으로 각인된 구원의 신비라는 의미로 이해했다.

(요약하면, 브레데와 슈바이처에 따르면 바울의 칭의론은 우연한 상황에서 비롯된 이론일 뿐, 바울사상의 핵심이론으로 볼 수 없다는 뜻이다. 두 사람의 입장은 1970년대에 와서 새롭게 부상한다.)

---

128) A. Schweitzer, *Mystik des Apostels Paulus* (Tübingen, 1930). 조남홍 역, 『사도 바울의 신비주의』 (한들출판사, 2012).

3) 스텐달(Krister Stendahl, 1921-2008)

크리스터 스텐달

스웨덴 루터교 신학자 스텐달은 1961년에 미국 심리학회에서 발표한 "사도 바울과 서구의 내향적 양심"(The Apostle and the Introspective Conscience of the West)이란 논문에서, 또한 이를 포함한 1976년에 출판된 저서 『유대인과 이방인 사이에 있는 바울』(Paul among Jews and Gentiles)에서[129] (불트만과 케제만으로 대표되는) 칭의론을 강조하는 전통적인 바울해석에 강력한 이의를 제기했다.

바울은 종교개혁자 마르틴 루터와 다르다는 것이다. 곧 바울은 루터와 달리 율법준수에 어려움을 느끼지 않았으며(빌 3:6), 또한 루터처럼 양심의 문제로 괴로워하지도 않았고 오히려 강직한 양심을 소유하였다고 본다(고전 4:4). 이런 시각에서 다음과 같이 말했다.

"바울사상을 진정한 1세기의 색깔로 색칠하기 위해서 나는 내가 알고 있는 기나긴 그리스도교의 역사와 경험을 모두 잊어버리고 바울을 올바로 이해하기 위한 보다 힘든 작업을 수행해야만 한다. 믿음으로 말미암아 의롭게 된다는 바울의 교리는 어떻게 인간이 구원을 받고, 어떻게 인간의 행위가 평가되며, 또 어떻게 개개인의 자유의지가 보장되며 또 견제되는가 하는 문제가 아니라, 유대인과 이방인들 사이의 관계성에 대한 바울의 고찰이라는 신

---

129) K. 스텐달, 『유대인과 이방인의 사도 바울』, 강혜란 역 (순신대학교출판부, 1995).

학적 맥락을 가지고 있다."[130]

바울의 칭의론은 근본적으로 볼 때 하나님 앞에 선 인간의 위상에 대하여 관심을 보이지 않고, 선교사 바울에게 시급한 문제는 다름 아닌 이방인에게 구원의 길을 어떻게 하면 열 수 있을까 하는 것이었다. 선민인 이스라엘을 위한 하나님께서 예비하신 독자적인 구원의 길이 있다는 것이다. 이방인이나 유대인 할 것 없이 오직 그리스도에 대한 믿음을 통해서만 죄인들이 의롭다 함을 입는다고 주장하는 가운데, 고대 유대교를 경건한 자들만 의롭게 된다고 가르치는 몹쓸 종교로 비난함으로 말미암아 마침내 나치 시대에 유대인 대학살을 유발시키는 원인을 제공했다고 주장하였다.

4) 샌더스(Ed Parish Sanders, 1937-현재)

스텐달의 영향을 받은 미국의 신약학자 샌더스는 바울신학의 중심에 관한 문제를 새로운 관점에서 전개하면서 지금까지 통용되는 개신교적인 바울해석을 비판했다. 마치 루터가 후기 중세 시대의 교회를 왜곡된 율법적 경건의 암흑 속에서 묘사했듯이, 개신교적 바울해석은 바울이 유래한 유대교를 율법종교로 묘사했다고 한다. 그리하여 그리스도교의 복음 선포를 찬란한 빛 가운데 돋보이도록 했는데, 루터의 문제는 바울의 문제와 다를 뿐만 아니라 루터의 시각으로 바울을 해석하는 것은 잘못이라고 주

E. P. 샌더스

---

130) K. 스텐달, 같은 책, 50.

장했다. 한마디로 유대교는 어둠에 싸인 율법종교이지만, 그와 달리 빛의 종교인 그리스도교는 은혜의 종교라는 뜻이다.

샌더스는 1977년에 출판되면서 상당한 관심을 불러일으킨 저서 『바울과 팔레스타인 유대교』(Paul and Palestinian Judaism)에서 자신의 설계에 따른 고대 유대교의 특징을 묘사했다.[131] 그의 주장은 크게 다음의 두 가지로 요약할 수 있다.

첫 번째 주장은, 바울은 자신이 처했던 특수한 역사적 상황에서 팔레스타인 유대교와 당시 율법이해에 대한 왜곡된 상을 전하였다. 따라서 당시 유대교를 정당하게 파악하기 위해서는 바울의 판단에만 의존해서는 안 된다는 것이다. 행함에 따른 칭의론의 시각을 갖고 바울 당시 유대교를 파악하려고 하는 것은 잘못임을 지적하는 가운데, 고대 유대교의 종교구조는 "언약적 율법주의"(covenantal nomism)의 구조를 갖고 있었다고 주장했다. 이 구조는 다음과 같은 8가지 요소로 이루어져 있다:

① 하나님께서 이스라엘을 선택하셨다.
② 또한 율법을 선사하셨다. 그런데 이 율법은 두 가지를 담고 있다.
③ 이스라엘 선택됨을 견지하리라는 하나님의 약속과
④ 순종의 요구.
⑤ 순종하면 상을 주시고, 어겼을 때는 벌을 내리신다.
⑥ 율법은 속죄의 수단이며 또한 속죄를 이룬다.

---

[131] 우리말 번역: E. P. 샌더스, 『바울과 팔레스타인 유대교』, 박규태 역 (알맹e, 2018). 또한 1991년에 출간된 같은 저자의 작품 PAUL: A Very Short Introduction [= 『사도 바오로: 그리스도교의 설계자』, 전경훈 역(뿌리와이파리, 2016)]을 참조하라.

⑦ 하나님과의 언약관계의 회복.
⑧ 순종, 대속, 하나님의 자비하심으로 언약 내에 유지되는 모든 사람은 구원받는 사람의 무리에 속한다.[132]

여기에서 샌더스는 고대 유대 문서들로부터 하나님의 은혜가 인간의 모든 행위에 앞서 있다는 사실을 읽어낼 수 있으며, 이스라엘이 언약 안으로 받아들여진 것은 다름 아닌 하나님의 선택에 근거한 것임을 강조했다.

샌더스의 두 번째 주장은, 불트만과 케제만으로 대표되는 독일식 바울해석의 가장 큰 잘못은 고대 유대교를 "언약적 율법주의"로 바라보지 못했으며, 또한 종교개혁자 루터를 일방적으로 추종한 나머지 칭의론을 바울신학의 중심으로 삼았다는 것이다. 이와 달리 샌더스는 바울신학의 중심은 칭의론이 아니라 '믿는 자가 그리스도 안에 참여하는 실존'이라고 보았다(특히, 롬 6-8; cf. 갈 3:23-28).

신구약 중간기 시대의 유대교의 주요 텍스트들을 살피고 나서, 샌더스는 하나님의 은혜가 인간의 모든 행위에 앞선다는 사실을 보여준다고 결론짓는다. 이스라엘은 인간의 노력을 통해서가 아니라 하나님의 선택을 통해 언약 안으로 받아들여졌다는 것이다. 따라서 이스라엘에게 요구되는 하나님 순종의 계명은 결코 구원을 얻기 위한 목적이 아니며, 이스라엘이 추구하는 율법의 행위는 자비로운 하나님과의 언약관계에서 떨어져 나가지 않기 위함이라 한다.

고대 유대교 본문 가운데 '언약'이란 개념이 자주 나타나지도 않으

---

132) E. P. Sanders, *Paul and Palestinian Judaism*, 400. Cf. 동저자, *Judaism: Practice and Belief 63BCE-66CE* (London/Philadelphia, 1994), 262-275.

며 핵심 역할도 하지 않았다는 사실을 샌더스도 인정한다. 그럼에도 토라는 이스라엘 백성에게 순종하는 삶을 살도록 하나님이 주신 선물이고, 그런 삶을 살아야 종말에 하나님의 심판을 견딜 수 있고, 그 심판에서는 오직 행위의 양이 중요하다고 한다. 하나님의 심판은 정의롭기 때문에 토라의 진술은 처음이자 마지막 말씀이 된다고 한다.

샌더스의 주장은 이제까지 통상적으로 알려진 유대교의 자기이해를 완전히 뒤집어 놓은 것이다. 팔레스타인 유대교의 기본 구조가 은혜로운 "언약적 율법주의"를 토대로 했다는 그의 주장은 학계에 커다란 파장을 불러일으켰다. 그런데 샌더스가 주장한 "언약적 율법주의"란 개념을 가지고 신구약 중간기 시대의 유대교를 일괄적으로 평가할 수 있느냐는 것은 여전히 논란 중이다.

그의 주장은 유대적 전제에서 나온 것이라기보다 오히려 그리스도교적인 범주에 따른 것으로 보이고, 유대교의 다양한 전승들을 충분히 고려하지 않은 가운데 사전에 확정된 틀을 강요한 듯한 인상을 주기 때문이다.[133] 그리하여 저명한 유대인 학자 뉴스너(J. Neusner)는 샌더스의 구상을 가리켜 바울적인 사고방식에서 출발하여 얻은 것을 타나임 랍비시대, 즉 초기 랍비시대 자료에 무리하게 적용한 것이라고 신랄하게 비판했다.[134] 이런 비판에도 불구하고 샌더스가 파악한 신구약 중간기 유대교에 대한 새로운 이해는 향후 학계에 폭넓게 수용된다.

---

133) E. Lohse, *Der Brief an die Römer* (Göttingen, 2003), 141.
134) J. Neusner, *HR 18* (1978), 177-191, 이곳 180. 피츠마이어도 새 관점에 대한 비판에 가세했다: J. A. Fitzmyer, "A Biblical Basis of Justification by Faith", in: J. Reumann, "*Righteousness*" *in the New Testament* (Philadelphia/New York, 1982), 193-227, 217f. 또한 E. Lohse, *Der Brief an die Römer*, 143-145.

5) 제임스 던(J. D. G. Dunn, 1939-2020)

제임스 던은 바울에 대한 "새 관점"이란 용어를 유행시킨 영국의 신약학자로서 샌더스의 입장을 받아들여 더욱 발전시켰다.[135] 바울은 마치 루터가 후기 중세교회와 논쟁을 벌인 그런 방식으로 바리새파 경건주의와 싸웠다고 한다. 던은 샌더스가 말한 "언약적 율법주의" 개념을 이용하여 지금까지도 이어지는 편파적인 바울해석에 반대하면서, 유대교 신앙과 바울신학 사이에 놓인 사상적 연결고리를 밝히고자 했다.

그 연결고리는 하나님의 은혜의 행위가 선행하고, 그에 대한 인간의 응답은 하나님의 총애를 구하려는 시도가 아니라는 근본적인 확신에 있었다. 바울 당시 유대교는 하나님의 선물인 율법(토라)을 일방적으로 오해했고, 그로 인해 왜곡된 실천적 행위가 비롯되었다고 한다.

던에 따르면 율법은 무엇보다도 이스라엘에게 선사된 영예의 상징이며, 이스라엘을 이방 백성들과 구분하는 표지이다. 그런데 율법에 담긴 하나님의 은혜의 보편성을 깨닫지 못한 채, 당시 유대인들은 안식일, 할례, 정결규정 및 식사규정과 같은 "율법의 행위"를 이방인과 구분되는 이스

제임스 던

---

135) J. D. G. Dunn, "The New Perspective on Paul", in: *Bulletin of the John Rylands University Library of Manchester 65* (1983), 95-122; 제임스 던, 『바울에 관한 새 관점』 (에클레시아북스, 2013).

라엘의 정체성을 드러내는 "정체성 표지"(identity marker)로 이해했다고 한다. 그와 더불어 이스라엘에게 보장된 민족주의적인 영예만 바라보았다고 한다.

이러한 토라 해석은 결국 이스라엘과 이방 백성들을 분명하게 구분 짓는 결과를 낳았고, 율법이 그런 구분을 위한 수단(boundary marker)으로 간주되었다는 것이다. 따라서 인간이 어떻게 율법을 성취하느냐의 질문이 핵심이 아니라, 인간이 자신을 타인과 사회적으로 분리할 의도를 가지고 율법을 오용하느냐 하는 질문이 핵심을 이룬다고 보았다.

던은 그러한 오용의 위험이 율법의 4가지 기능에 있다고 여겼다. 즉, 율법은 모든 인간을 죄에 넘겨주고, 이스라엘을 이방 백성들과 분리시키며, 이스라엘의 삶을 언약 안에서 질서 지우며, 죄를 통해 섬기는 기능이 오용될 위험이 있다고 보았다. 다시 말해 이스라엘이 다른 사람들을 이방인에서 나온 죄인이라 폄훼하는 것이 첫 번째 오용이고, 율법을 하나의 특권이라 자랑하는 것이 두 번째 오용이다. 율법을 성취함으로써 자신이 다른 백성들보다 우월하다고 여기는 것이 세 번째 오용이고, 율법을 향한 열심에서 이방 백성들을 품으려는 사람들을 향해 공격하는 것이 네 번째 오용이다. 이러한 율법 오용에 대항하여 바울은 유대교의 언약적 율법주의를 모든 백성을 향해 확장시키려 했다는 것이다.

던에 따르면, 바울이 유대인으로서 그리스도인들을 박해한 것은 그들이 이스라엘을 이방인과 구분하는 하나님의 "선택"을 무력화시키며 이방인을 자신들의 신앙공동체로 받아들였기 때문이다. 바울은 이방인을 위한 사도로 부름 받은 그리스도인이 되고서야 비로소 과거 바리새인으로서 격렬하게 반대했던 것에 대해 저항하는 것을 배웠다고 한다. 그리하여 "하나님이 한 특정한 무리에게만 당신의 구원하는 선을 제한했다는 생각을 근본적으로 반대한다는 사실이 바울의 칭의론에 담긴 독창성"이라고 한다. 이처럼 던은 바울의 칭의론을 보편적인 관점에서 해석함으로써 전통적인 칭의론 해석을 수정하려고 했다.

바울의 칭의론에 대한 던의 해석은 분명 유대적인 삶의 방식에서 유래한 특징에 부합한다고 말할 수 있다. 그러나 이러한 시각을 '의, 칭의'와 직결된 유대교의 모든 진술에 적용하기는 어렵다. 예컨대 고대 유대교의 중요한 문서로 통하는 '쿰란문서' 가운데 어디에도 '의'와 관련된 진술들이 유대인과 이방인의 관계를 묻는 문맥에 나타나지 않기 때문이다. '의'와 관련된 진술들은 기도하는 자와 하나님 사이의 관계에 대해 말할 뿐이다. 하나님 앞에서 경건히 기도하는 자는 파멸할 수밖에 없는 자신의 인생을 말하나, 동시에 하나님의 자비로 말미암아 하나님께 받아들여짐에 감사하고 있다. 이런 체험에 근거하여 기도하는 자는 '의로워진 자'로서 토라에 전적으로 헌신하며 토라의 가르침에 따라 온전히 살아가기를 기도드린다.

▶ 1960년대부터 발전하기 시작한 바울에 대한 "새 관점"은 현재 세분화되고 있다. 그럼에도 새 관점 지지자들은, 바울서신에 나타나는 칭의론적 표현들은 초기 그리스도교가 유대교와 맺고 있는 관계와 관련된 사회적 차원을 드러내고 있다는 점에 공감한다. 또한 바울의 칭의론 관련 진술은 유대교 전체 혹은 특정 유대인 무리와 직결된 것이 아니라 그리스도 추종자들과 관련된 그리스도교 내적인 문제를 다루고 있다고 여긴다. 이처럼 바울의 논쟁은 더 이상 비(非)그리스도교적 유대인들과 관련된 것으로 여기지 않기 때문에 바울

에 대한 옛 연구와 달리 유대교에 대한 긍정적인 상을 가질 수 있게 되었다. 새 관점을 둘러싼 논의는 아직도 끝나지 않았다.[136]

---

136) 예컨대 다음 문헌을 참조하라: 존 M. G. 바클레이, 『바울과 선물』, 송일 역 (새물결플러스, 2019). 여기서 저자는 '은혜' 개념을 "선물의 인류학과 역사 안에서 재고하고, 하나님의 자비에 관한 제2성전 시대의 유대교적 해석을 연구하며, 이러한 맥락에서 선물로서의 그리스도 사건과 관련하여 바울신학을 갈라디아서와 로마서의 표현을 통해 새롭게 평가"하면서, "아우구스티누스로부터 종교개혁에 이르는 해석학적 전통과 '바울에 관한 새 관점'을 모두 넘어서는 방식으로 갈라디아서의 신학적 논리에 대한 통합적 해석을 제공"하려 한다(26, 29쪽). 또한 티모 라토는 『바울에 관한 새로운 탐구』, 김명일 역 (이레서원, 2020)에서 샌더스, 던, 라이트, 바클레이에 대한 비평적 읽기를 시도한다.

3.
칭의론 – 바울의 신학적 공헌

　인간은 율법의 길을 통해서만 종말의 심판에서 의로움을 입을 수 있다는 유대 전통적인 입장을 바울은 정면으로 부정했다. 하나님 앞에서의 칭의는 오직 '예수 그리스도를 믿음으로'(πίστις 'Iησοῦ Χριστου) 얻을 수 있을 뿐이라고 말한다. '예수 그리스도에 대한 믿음'은 곧 '예수는 그리스도이다'라는 내용을 증거하는 믿음이다. 예수를 그리스도로 고백하는 믿음은 바울이 처음 창안한 것이 아니고 앞선 전승에서 물려받은 것이다.

　바울이 말하는 '예수 그리스도에 대한 믿음'은 '그리스도의 십자가와 부활을 믿는 것'이며(갈 1:1, 4, 2:20, 3:1, 13, 4:4-6), '그리스도 안에서 사는 삶'(갈 2:19-21, 3:26-28, 5:5-6, 24, 6:14)과 같은 뜻이다.

　다른 한편 바울은 이스라엘이 하나님의 선민이라는 독특한 위치를 부정하지 않았다. 구원의 백성인 유대인과 죄인으로 간주된 이방인은 비록 출발점은 다르지만 신앙의 목표인 칭의의 측면에서 볼 때 양자 사이에 차이가 없다는 것이다. 이스라엘이 선민으로서의 특별한 위치를 차지하고 있음에도 불구하고, 모든 이스라엘 사람은 행위의 차원에서 볼 때 율법을 범한 자이므로, 결국 율법 없는 이방인과 같은 죄인이라는 뜻이다.

그러므로 바울은 로마서 3장 20절에서 "율법의 행위로 그의 앞에 의롭다 하심을 얻을 육체가 없다"라고 선언한다. 율법은 더 이상 구원의 길이 될 수 없으며, 그리스도에 대한 믿음만이 구원을 약속한다는 점을 바울은 강조한다. 바울의 칭의론을 올바로 이해하기 위해서는 반드시 다음의 3가지 요소를 고려해야 한다.

① 선교신학적 배경에서 보면 바울의 칭의론은 비교적 뒤늦게 (갈라디아 교회에서의 갈등에서) 생성되었다. 그것은 그의 이방인 선교를 둘러싼 논쟁의 산물이었다. 따라서 바울의 이방 선교를 합법화하려는 하나의 변증적 구상으로 그의 칭의론을 해석할 수 있다. 칭의론이 로마서에 수용되고, 또한 신학적, 인간학적, 교회론적 측면을 포괄하는 복합적 신학적 입증의 문맥으로 확장되면서 그것의 신학적 파급력은 본래의 차원을 훨씬 넘어섰다.

② 바울의 칭의론은 율법에 대한 그의 새로운 성찰과 직결되어 있다. 즉, "율법의 행위"(ἔργα νομου)를 통해서가 아니라, 예수 그리스도에 대한 믿음을 통해서 인간이 의롭게 된다는 바울의 성찰과 직결되어 있다. 이방인의 사도로 소명을 받은 '다메섹 체험'이 바울로 하여금 율법에 대한 전적으로 새로운 이해를 하게끔 만든 결정적인 계기가 되었을 것이다.

③ 바울은 '하나님의 의'라는 개념을 강조한다. 이 개념은 구약과 당시 유대교의 경건에서 중시된 개념이다. 진정으로 하나님만이 의로우시고, 인간은 그의 법정 앞에서 책임을 져야 한다. 하나님은 당신의 판결을 내리시고, 온 땅을 공의로 다스리신다(시 9:9, 96:13 등).

그분 앞에는 어떤 인간도 설 수 없고, 단지 자비를 구할 뿐이다. '의'라는 개념은 하나의 관계를 묘사한다. 즉 그 관계는 심판주 하나님의 법정에서 드러나는 것으로서, 그의 판결에 따라 의롭다 입증된다.

예컨대, 기원전 1세기 중엽에 생성된 "솔로몬의 시편"(PsSal)에 '하나님이 의로운 법정을 여신다'는 진술이 종종 나온다(2:32, 4:24, 8:8, 27-32 등). 하나님의 심판은 틀림이 없다. 심판자로서 신실하신 분이다. 따라서 "솔로몬의 시편" 기자는 다음과 같이 노래한다.

> "당신은 처음부터 우리의 하나님이시며, 당신께 우리의 소망이 있사옵니다, 주여! 우리를 당신에게서 놓지 마옵소서. 당신의 계율은 우리에게 영원하기 때문입니다"(PsSal 8:31f).

또한 에센파가 남긴 '쿰란문서'에도 유사한 표상이 나온다. 하나님은 공의로운 심판을 내리시고, 자신에게 속한 사람들을 자비로 대해 주신다고 고백했다. 쿰란공동체의 설립자인 '의의 교사'(teacher of righteousness)는 한편으론 토라의 모든 계율을 예외 없이 지켜야만 한다는 '율법적 엄숙주의'를 표방했다.

다른 한편으로 쿰란공동체 사람들은, 하나님 앞에서 자신들이 죄인임을 고백하며, 자신들의 범죄를 깊이 깨닫고 있었다.

> "그분의 심판을 나는 의롭다 부를 것이니, 나의 범죄에 따라서, 또한 나의 죄는 새겨 넣은 율법처럼 눈앞에 선명하네. 그러나 나는 하나님께 말씀드리네. 나의 선의 설립자이시고, 나의 지식의 원천이시며, 거룩의 원천, 지고의 고귀하신 분, 영원한 영광의 권세자시여!"(1QS X,11f).

3. 칭의론 – 바울의 신학적 공헌

"나와 관련해서, 나에 대한 심판이 하나님에게 달려 있고, 그분의 손안에 나의 행위의 완전성과 내 마음의 곧음이 놓여 있다네. 또한 그의 의를 통하여 나의 죄가 사해진다네"(1QS XI,2f).

'하나님의 의'에 대한 입증은 그분의 자비로운 행위에 놓여 있다. 즉, 죄인을 받아들이시고, 그와 올바른 관계를 맺게 하시고, 그리하여 죄인인 인간이 구원의 근거이신 하나님께 고백하게 된다. 이와 같은 하나님의 은혜가 선행함으로써, 쿰란공동체원들은 하나님의 율법을 인식하고, 토라의 해석에 순종할 수 있게 된 것이다. 그리하여 '은혜에서 나온 칭의'는 온 율법을 지켜야 한다는 의무를 낳는다. 그 결과, '오직 하나님의 은혜로'는 '오직 율법을 통해서'와 일치하게 된다.

예수 믿기 전 열정적인 유대인이었던 바울 역시 하나님의 의에 대한 문제를 깊이 성찰했다. 빌립보서 3장 6절에 따르면 유대인 바울은 "율법의 의로는 흠이 없는 자라"고 확신했다. 그러나 부활하신 예수를 만난 후, 하나님의 의에 대한 자신의 이해가 완전히 뒤바뀌었다. 하나님의 의는 오직 그의 자비로써만 파악할 수 있고, 오직 믿음을 통해서만 영접할 수 있다는 사실을 깨달았다. 결국, '오직 믿음에서 난 것'은 '오직 은혜에서 난 것'에 일치한다.

바울의 칭의론은 그리스도 안에 나타난 구원론적인 속죄사건에서 비롯된 것이다. 그리스도께서 죄인 된 인간을 '위하여'(ὑπέρ) 속죄의 죽음으로 자신의 몸을 버리셨다는 사고가 핵심을 이룬다(특히, 갈 1:4, 2:20, 3:13). 이렇게 볼 때, 바울의 경우 칭의와 '화해'가 밀접하게 연결되었다는 사실이 드러난다. 동시에 갈라디아서의 칭의론은 구원사의 문맥 가운데 나타난다. 믿음으로 의롭게 된 사람에게 수여되는 구원은 아브라함을 향한 약속 및 그의 믿음, 그리고 칭의(갈 3:6-18, 4:21-23)와 직결된 것이다. 칭의론과 관련한 바울의 신학적 공헌은, 하나님의 의라는 개념을 한편으론 믿음의 주관적 차원(롬 1:16-17, 3:21-22)과 다른 한편으론 그리스도 가운데 드러난 하나님의 속죄행위(롬 3:24-25)와 함께 생각하도록 한 점에 있다.[137]

---

137) H. Hübner, "Rechtfertigung, Rechtfertigungslehre", in: *EKL III* (Göttingen 1992), 1458.

4.
칭의론을 대체하는 바울신학의 중심?

칭의론을 바울신학의 중심으로 강조해온 전통적인 바울 해석에 이의를 제기하면서 그 대안으로 제시된 입장들을 다음과 같이 간략히 정리할 수 있다.

1) 그리스도 신비주의(Christ mysticism)

하인리히 바이넬(Heinrich Weinel)은 1904년에 출간된 저서 『바울』에서 바울의 "그리스도 신비주의"에 대해 언급했다. 아돌프 다이스만(Adolf Deissmann) 역시 그의 『바울』(1911) 단행본에서 동일한 개념을 사용하면서 "살아 계신 영적인 그리스도와 맺고 있는 가장 내적인 연합"을 가리키는 뜻으로 사용했다.

이는 다메섹 도상에서 바울이 체험한 신비스런 경험에 대한 반응과 관련된 것이다. 이는 어떤 교리나 신학적 진술을 가리키지 않고, "그리스도와의 친밀함"을 말하는 그리스도와의 교제에 더 가까운 표현이다.[138]

또한 빌헬름 부세트(Wilhelm Bousset)도 바울의 그리스도 신비주의 관련 논의에 활력을 부여했다. 그는 바울에게 나타나는 "그리스도 안에"라는 표현은 그리스도가 "그의 임재를 통해 바울의 전체 생애

---

138) A. Deissmann, *Die Neutestamentliche Formel "In Christo Jesu"* (Marburg, 1892), 81-82.

를 지탱하고 충만하게 하는 초지상적 능력"이라는 사실을 뜻한다고 말했다.[139]

알베르트 슈바이처(A. Schweitzer)도 『사도 바울의 신비주의』(1930)에서 "그리스도 안에 있는 존재의 신비"에 대해 언급했다. 여기에서 그는 다이스만과 마찬가지로 바울의 신비주의를 신비주의 전통의 큰 틀에서 이해하나, 바울의 신비주의가 더 우월한 것으로 여긴다. 바울은 하나님과 자신이 하나 되는 것에 관해 언급한 적이 없으며, 자신과 하나님의 관계는 "그리스도와의 신비적 연합을 통해 맺어진다"는 입장이다.[140]

이들이 말하는 바울의 "그리스도 신비주의"는 신자에게 선사된 성령체험과 관련되며, 그것은 곧 그리스도 체험과 동일시된다고 말할 수 있다(고후 3:17 "주는 영이시니 주의 영이 계신 곳에는 자유가 있느니라"; 고전 6:17, 15:45). 부활하신 주와 영이 서로 동일시되고 있고, 주님은 곧 신자에게 역사하는 영과 같다는 관점에서 울리히 루츠(Ulrich Luz)는 특히, 고린도전서 15장 45절("기록된 바 첫 사람 아담은 생령이 되었다 함과 같이 마지막 아담은 살려 주는 영이 되었나니")에 의거하여 부활하신 주님과 성령의 동일시가 바울신학의 중심에 있다고 말한다.

바울에게서 나타나는 그리스도 신비주의의 경우 성령체험을 핵심으로 여기는 것과 달리, 카리스마적인 은사체험(방언, 예언, 황홀경, 이적행위)은 대체로 바울적 신비주의의 중심으로 간주되지 않는다. 바울은 천상적 그리스도와 지상적 영 체험자 사이에 놓인 간격을 강조한다.

---

139) W. Bousset, *Kyrios Christos* (Göttingen, 1913).
140) 슈바이처, 『사도 바울의 신비주의』, 조남홍 역 (한들출판사, 2012).

2) 그리스도와의 연합(Union with Christ)

"그리스도 신비주의"와 유사한 개념으로 "그리스도와의 연합"이라는 표현을 선호하기도 한다. "그리스도 안에"(56번), "주님 안에"(34번)라는 표현은 바울서신 전반에 걸쳐 나타나지만, 특히 빌립보서와 빌레몬서에 여러 번 나타난다.[141] 신앙인 개개인과 신앙공동체가 그리스도의 영향권 안에 있음을 말하는 가운데 하늘로 올리우신 그리스도와의 연합 혹은 주님과의 연합이 선사되어 있음을 전제한다. 그리스도와의 연합이 이루어지는 영역은 다름 아닌 종말론적 구원의 영역이다.

"그리스도 안에"라는 표현을 두 가지로 해석할 수 있다. 먼저, 그리스도 안에서 체험하는 실존으로 여기는 공간적인 해석이다(A. Deissmann, *Die Neutestamentliche Formel "in Christo Jesu"*, Marburg 1882). 예를 들면 다음과 같다.

(고전 1:30) "너희는…그리스도 예수 안에 있고"
(고후 5:17) "누구든지 그리스도 안에 있으면 새로운 피조물이라"
(갈 3:28) "너희는 유대인이나 헬라인이나…다 그리스도 예수 안에서 하나이니라"

결국 올리우신 주님의 활동에 의해 규정된 공간은 그리스도의

---

[141] 로마서에 13번/8번; 고린도전서에 13번/9번; 고린도후서에 7번/2번; 갈라디아서에 7번/1번; 빌립보서에 10번/9번; 데살로니가전서에 3번/3번; 빌레몬서에 3번/2번. 그러나 "예수 안에"라는 표현은 바울서신 안에 나타나지 않는다. 그닐카, 『바울로』, 이종한 역 (분도출판사, 2008), 376-383 참조.

몸 된 교회와, 나아가 그리스도 자신과 동일시된다(롬 12:5; 고전 12:12, 27). 다른 한편, 공간적인 해석에 반대하면서 오히려 예수의 십자가와 부활에 의해 역사적으로 규정되어 있음을 강조하면서 유일회적인 구원사건과 그것의 영향력을 결부시키는 해석이다(F. Neugebauer, *In Christus*, Göttingen, 1961).

칭의론 관련 진술에서 바울은 앞선 시대에서 유래한 전승을 의존한 것과 달리, 그리스도와의 연합에 관해 그의 개인적 체험에서 나온 바울 특유의 표현으로 진술하고 있다. 이들 구절에서 바울은 자신의 사역과 죽음이 온전히 "그리스도 안에" 있다는 사실을 깊이 의식하고 있음이 드러난다.

> (롬 9:1) "내가 그리스도 안에서 참말을 하고 거짓말을 아니하노라"
> (롬 15:17) "내가 그리스도 예수 안에서 하나님의 일에 대하여 자랑하는 것이 있거니와"
> (고후 2:14) "그는(=하나님) 항상 우리를 그리스도 안에서 이기게 하시고"
> (빌 1:13) "나의 매임이 그리스도 안에서 모든 시위대 안과 그 밖의 모든 사람에게 나타났으니"
> (빌 3:13-14) "나는 아직 내가 잡은 줄로 여기지 아니하고 오직 한 일 즉 뒤에 있는 것은 잊어버리고 앞에 있는 것을 잡으려고 푯대를 향하여 그리스도 예수 안에서 하나님이 위에서 부르신 부름의 상을 위하여 달려가노라"
> (몬 8-9) "내가 그리스도 안에서 아주 담대하게 네게 마땅한 일로 명할 수도 있으나 도리어 사랑으로써 간구하노라"

요약하자면, 바울에게 있어서 "그리스도와의 연합" 혹은 "그리스도 안의 실존"은 그리스도의 통치권 안에 있음을 가리키는 표현이자 새로운 생명을 가리키는 표현이다(고후 5:17).[142]

3) 구원의 현재성

독일 할레 대학교 신약학자 슈넬레(Udo Schnelle)는 "예수 그리스도 안에 나타난 하나님의 구원의 종말론적인 현재"를 바울사상의 토대와 중심으로 여긴다. 이에 따르면, 하나님이 십자가에 처형되고 부활하고 또 머지않아 하늘로부터 다시 올 예수 그리스도 안에서 온 세상을 위한 자신의 최종적인 구원의 의지를 세웠다는 확신에 바울은 사로잡혔다 한다. 하나님 스스로 시대의 대전환을 이끄셨고, 세상과 인간의 상황이 완전히 새로운 빛 가운데 드러나는 새로운 실재를 만드셨다고 바울은 확신했다.

이런 확신을 통해 바울의 사상과 삶이 근본적으로 변화되었다. 그리하여 그는 그리스도 사건을 통해 인류의 역사와 구원의 역사, 그 속에서의 자신의 역할 및 하나님의 과거, 현재, 미래의 활동을 새롭게 해석할 과제를 안게 되었다. 그리하여 바울은 하나의 종말론적인 구상을 설계했다. 그 구상의 토대는 하나님의 구원 의지이고, 그 구상의 중심은 예수 그리스도의 부활과 재림이며, 그 구상의 지배적인 활력은 성령이고, 그 구상의 종착점은 하나님 안에서의 영적 실존의 변화이다.[143]

---

142) 바울서신에 나타난 그리스도와의 연합에 관한 캠벨의 단행본(*Paul and Union with Christ*, 2012)이 우리말로 번역되었다: 콘스탄틴 R. 캠벨, 『바울이 본 그리스도와의 연합』, 김규섭/장성우 역 (새물결플러스, 2018).
143) U. Schnelle, *Paulus: Leben und Denken* (Berlin/New York, 2003), 437.

4) 사도의 섬김

독일의 하이델베르크 대학의 은퇴교수인 클라우스 베르거(Klaus Berger)에 따르면 바울은 다메섹 체험을 통해 사도의 소명을 받았는데, "사도의 섬김"(Aposteldienst)이 그의 사상의 중심에 있다고 여긴다.[144] 바울은 언제나 자기 자신을 신앙공동체를 위한 구원의 모형이며 원형이라 소개하며, 그리스도와 바울 그리고 신앙공동체는 하나로 연결된 것으로 이해한다. 다시 말해서 예수 그리스도는 바울에게 원형이고, 바울은 신앙공동체에게 원형이다. 그리하여 신앙공동체는 바울을 통해서 예수 그리스도를 체험한다고 말한다.

---

144) K. Berger, *Paulus* (München, 2008), 31-32.

5.
종교개혁적 입장과 새 관점을 조화시키려는 시도

게르트 타이센과 페트라 폰 게뮌덴(G. Theissen, v. Gemünden)은 2016년에 로마서에 관한 흥미로운 해석을 담은 공저를 세상에 내놓았다. 이 책은 『로마서: 한 종교개혁자의 해명』이라는 제목을 담았다: Der *Römerbrief: Rechenschaft eines Reformators* (Göttingen: Vandenhoeck & Ruprecht, 2016). 여기에서 두 저자는 바울신학과 관련한 종교개혁적 옛 입장과 새 관점을 종합하고자 한다.

마르틴 루터(1483-1546)는 "내가 어떻게 은혜로운 하나님을 영접할까?"라는 질문을 제기함으로써 종교개혁운동을 촉발했다. 그가 얻은 해답은 다음과 같다: 최후심판 때 하나님이 내리시는 자유선언을 통해 "오직 은혜로"(sola gratia), "오직 믿음으로"(sola fide), "율법 없이"(sine lege). 한마디로 인간이 비록 죄인일지라도, 하나님이 내리시는 선언을 통해 의인이 된다. 그리하여 그리스도인은 "의인이면서 죄인"(simul iustus et peccator)이다. 이러한 칭의론을 루터는 바울신학의 중심으로 내세웠다.

루터 이후 그리스도교의 역사가 흐르는 동안에 두 차례의 탈루터화(Entlutheranisierung) 작업이 일어났다고 한다. 바울에 대한 "첫 번째 탈루터화"는 19세기 후반의 '자유주의 신학'(Liberale Theologie)에서 일어난다. 옛 튀빙엔 학파의 대표자인 페르디난트 바우르(F. Chr. Baur, 1792-1869)에 따르면 바울은 새로운 종교의 보편성을 관철시킨 장본인이었다. 바울의 대적자들은 베드로를 추종하는 유대 그리스도인들이었다. 로마서를 유대 그리스도교적 분파주의를 반박하는 문서로 파악하면서 로마서 9-11장을 로마서의 정점으로 해석했다. 그러면서 바울에게 중요한 것은 유대교가 세운 사회적 장벽을 극복하는 일과 개인적 죄를 극복하는 일이었다. 이는 훗날 제기될 새 관점의 시각을 미리 언급한 것으로 볼 수 있다.

이어서 20세기 초반에 '실존주의 신학'이 유행하면서 칭의론의 갱신을 꾀한다. 하나님과 인간 사이의 무한한 간격을 일깨운 '변증법 신학'의 영향을 받은 불트만(1884-1976)은 실존적으로 해석한 '변화론'(Verwandlungslehre)을 통해 종교개혁적 칭의론을 수정한다. 그리하여 칭의론의 토대를 우리를 위한 그리스도의 죽음에서가 아니라, 그리스도와 함께하는 실존적 변화에서 찾았다.

불트만에게서 꽃피운 종교개혁적 바울 해석의 르네상스 시대가 지나가고 20세기 후반에 이르러 칭의론의 "두 번째 탈루터화"가 일어났다고 한다. 이런 변화는 구약학에서 시작되었다. 폰 라트(G. von Rad)와 마르틴 노트(M. Noth)의 연구를 통해 구약성경에는 하나님의 언약이 중심에 있고, 율법은 단지 인간이 그 언약 안에 머물도록 이끄는 규율적 의미만을 지녔을 뿐이라고 한다. 그리하여 두 구약학자는 이스라엘의 신앙을 은혜의 종교로 해석했고 이른바 "언약적 율법주의"(Bundesnomismus)가 이스라엘 신앙의 근본 구조를 이룬다

5. 종교개혁적 입장과 새 관점을 조화시키려는 시도

는 사실을 발견했다.[145]

이런 연구 결과를 바탕으로 바울에 대한 "새로운 관점"(New Perspective)이 생겨났다. 타이센과 폰 게뮌덴은 새 관점의 다양한 입장을 다음 8가지 테제로 요약 정리한다.

① 언약의 율법주의가 유대교의 근본 구조를 이룬다. 따라서 유대교는 은혜의 종교이다.
② 유대교는 행위의 의를 표방하지 않는다. 바울이 유대교를 행위의 의로 묘사하는 것은 그에 의해 왜곡된 표상이다.
③ 율법은 문제가 아니었으나, 그리스도교적 신앙이 율법에 대한 대안을 제시하자 뒤늦게 문제로 불거졌다.
④ 바울은 다메섹에서 그리스도의 사도로 부름 받았다. 율법비판은 20여 년이 지난 훗날에 그의 대적자들과의 논쟁에서 나온 것이다.
⑤ 바울의 핵심 관심사는 죄인 개인의 칭의가 아니라, 만백성을 위한 신앙공동체의 문호 개방에 있었다.
⑥ 바울에게 죄는 율법을 어김이지, 율법을 성취하려는 의도가 실패한 것을 가리키지 않는다.
⑦ 바울신학의 중심을 이루는 것은 법정적 칭의가 아니라, 그리스도 안에서의 새로운 존재이다.
⑧ 구원은 새로운 세상의 돌입이다. 인간의 변화는 세상의 변화라는 종말론의 틀에서 일어난다.

마침내 타이센과 폰 게뮌덴은 옛 바울해석과 새 바울해석의 종

---

145) G. v. Rad, *Theologie des AT*, Vol. 1 (München, ⁷1978), 102-105; M. Noth, "Die Gesetze im Pentateuch" (1940), in: 동저자, *Gesammelte Studien zum AT* (München, 1966), 9-141.

합을 시도한다. 이들의 입장에 따르면 바울은 "유대교의 개혁자"(Reformator des Judentums)로서 자기가 세운 교회들을 유대교 안에 위치시키려고 했던 사람이었다. 두 사람은 유대교가 은혜의 종교라는 관점을 수용하는 가운데, 바울이 구원을 은혜 위에 구축하려는 시도는 결코 유대교와 단절을 의미하는 것은 아니라고 한다.

다른 한편으로 윤리적 "행위들"이 유대교 안에서 차지하는 위상을 바울해석의 옛 관점이나 새 관점 양자에서 바라보는 것보다 더 높이 평가한다. 두 사람은 많은 비판을 받아온 "행위의 의"를, 하나님 경외를 윤리적 계명들의 성취와 연결 짓는 일종의 종교적 인본주의로 간주한다. 윤리적 유일신교와 계몽주의는 모든 종교적 전통을 윤리적 규범의 도움을 받아 검증하려고 들기 때문이다. 그럼에도 유대교는 여전히 은혜의 종교로 남아 있었다고 한다. 인간이 계명을 성취함이 하나님의 언약 안에 확실히 머물게 되는 조건은 될 수 없으나, 하나님의 종말론적인 선물을 영접하기 위한 조건이 된다고 보았다. 바울이 품었던 핵심 관심사의 하나는, 유대교가 온 세상의 이방 민족들을 향해 문호를 활짝 열어젖히는 데 있었다. 그것은 구약시대 이래 유대인들이 대망해온 것이었고(사 2:1-5; 미 4:1-4), 바울은 바로 그것을 유대교의 개혁을 통해 실현하려 했다는 것이다.

VI.

바울과 예수의 관계
- 바울은 예수를 배반했나?

이 장에서 우리가 다루고자 하는 주제는 바울과 예수의 관계를 어떻게 이해할지에 관한 것이다. 즉 바울과 예수 사이의 관계를 연속성의 관계로 규정할 것인지, 아니면 불연속성의 관계로 규정할지의 문제이다. 다시 말하면 바울은 예수의 정신을 잘 이어받은 사람인지 아니면 예수를 배반하고 전적으로 새로운 길을 간 사람인지의 문제를 다루고자 한다.

현대에 들어와서 바울신학은 예수의 본래적인 의도를 감추고 왜곡했다고 여기는 입장이 신학자들 사이에 꽤 퍼져 있다. 예컨대 20세기 초의 가장 위대한 신학자 반열에 속하는 하르낙(Adolf Harnack, 1851-1930)은 바울이 단순 명료한 예수의 가르침과 메시지를 예수에 관한 복잡한 교리로 바꾸기 시작했다고 믿었다. 다시 말해 사회혁명적인 성향을 가졌고 사회적 약자 편을 들면서 사람들과 친교를 즐긴 대중설교가 예수를 천상적인 구원자로 탈바꿈한 장본인이 바울이라고 여겼던 것이다.

이러한 시각은 1960-1970년대에 돌풍을 일으켰던 이른바 남미의 '해방신학'을 환영했던 사람들 사이에서도 한동안 유행했고, 유사한 형태로 지금도 여전히 존재한다. 과연 이러한 시각처럼 바울은 예수를 배반했는지의 여부에 대해 여기서 살펴보고자 한다. 먼저 지나간 시대의 유대인들과 그리스도인들이 바울에 대해 어떻게 평가했는지 좀 더 구체적으로 살펴보자.

1. 예수와 바울에 대한 학계의 평가

 기원후 500년경에 이르러서야 본격적으로 편집되기 시작한 "탈무드"(Talmud)란 문서가 있다. 이 문서는 우리나라 시중에서 팔리는 낱권으로 이루어진 소박한 분량의 단행본이 아니다. 우리말로 번역하여 출간하면 아마도 수십 권에 해당하는 방대한 분량의 문서 모음집이다.

바벨론 탈무드

 탈무드에는 두 종류가 있다. 하나는 '팔레스타인 탈무드'(Palestinian Talmud)이고, 다른 하나는 '바벨론 탈무드'(Babylonian Talmud)이다. 전자가 미완성된 탈무드로서 팔레스타인에서 비롯된 전승을 모은 것이라면, 후자는 훨씬 더 방대한 내용을 담고 있는 것으로 탈무드의 대명사로 통한다. 따라서 아무 구분 없이 그저 "탈무드"라고 하면, 그것은 바로 바벨론 탈무드를 지칭하는 말이다. 여기에는 장구한 유대교 역사 가운데 보존할 만한 가치가 있다고 생각되는 여러 전승들이 수집되어 있다. 그래서 탈무드를 가리켜 흔히 "유대교의 도서관"이라고 부르기도 한다.

탈무드는 이른바 '랍비 유대교'(Rabbinic Judaism)의 토대를 이루는 문서집인데, 오늘의 현대인이 그 논리를 따라가며 이해하기가 결코 쉽지 않다. 바벨론 탈무드에는 모두 63권의 소책자가 담겨 있는데, 그중 "산헤드린"(Sanhedrin)이라 불리는 소책자 가운데 나사렛 예수에 관한 다음과 같은 내용이 나온다.

> "유월절 축제 전날 밤 사람들은 예수(Yesu)를 매달았다. 사십 일 전에 전령이 이렇게 외쳤다. '그자는 마술을 행하고 이스라엘을 그릇된 길로 인도하여 불충한 자들로 만들었으니, 끌려가서 돌 팔매질을 당할 것이다. 그를 변호할 자는 나와서 말해보라.' 그러나 아무도 그를 변호하는 말을 하지 않았기 때문에 사람들은 그를 유월절 축제 전날 밤 매달았다"(bSanh 43a).

이처럼 신약성서 시대 이후에 도래한 '랍비 유대교' 시대의 유대인들은 나사렛 예수를 부정적으로 그렸다. 즉 민중을 그릇된 길로 인도한 사람으로 여겼다는 사실을 알 수 있다. 그런데 현대의 유대인들은 나사렛 예수를 호감과 존경을 표할 수 있는 인물로 간주한다. 평생 갈릴리와 유대 땅에서 살다가 사망한 예수를 성경의 예언자 전통 안에서 바라볼 수 있고, 예수의 운명을 이스라엘이 겪은 장구한 고난의 역사 속에서 이해할 수 있기 때문이다. 그리하여 예컨대, 저명한 유대인 사상가 마르틴 부버(Martin Buber, 1878-1965)는 예수를 가리켜 유대인들이 친근하게 느낄 수 있는 "위대한 형제"라고 불렀다. 이처럼 현대에 와서 예수를 다시 유대 백성의 고향으로 데려와야 한다는 소리가 들린다.

하지만 바울의 경우는 다르다. 유대인들의 관점에서 보면 바울은 "고임"(Goyim=비유대인들), 즉 유대교를 떠나 이방인의 길을 택한 배교자이며, 유대교에 속한 원시

마르틴 부버

그리스도교(=초대교회)를 유대교의 모태에서 완전히 갈라서게 만든 장본인이다. 그래서 마르틴 부버는 바울로 인해 "두 개의 서로 다른 신앙형태"가 형성되었다고 말했다.[146]

즉 유대교는 히브리어 '에무나'(하나님을 향한 철저한 신뢰행위)의 신앙형태를 가졌으나, 바울로 인해 유대교와 완전히 구분되는 새로운 신앙형태인 '피스티스'(어떤 것을 진실로 인정하는 것)의 신앙형태인 그리스도교가 형성되었다고 했다. 예수는 에무나의 대표자인 반면, 바울은 전적으로 새로운 신앙형태인 피스티스의 대표자였다는 것이다. 이러한 변화의 결과 이스라엘 백성의 자리에 유대인과 이방인으로 구성된 교회가 대신 들어서게 되었다고 하였다.

예수 및 원시그리스교에 대한 연구로 알려진 유대인 학자 요셉 클라우스너(Joseph Klausner, 1874-1958) 역시 거의 같은 말을 했다. 원시그리스도교는 여전히 유대교 안에서 하나의 신앙공동체로 존재할 수 있었으나, 바울로 인해 유대교와 완전히 다른 새로운 종교, 그리스도교가 탄생했다고 한다. 즉 하늘로 올라간 그리스도가 하나님과 동등한 위엄을 갖게 되었다는 바울의 가르침으로 인해 유대적 메시

---
146) M. Buber, *Zwei Glaubensweisen* (Zürich, 1950).

아 신앙은 완전히 그 근거에서부터 바뀌었고, 그 결과 형성되고 있던 그리스도교로부터 하나의 비유대적인 종교가 탄생하게 되었다고 한다. 다시 말해 그리스도교의 본래 창시자는 바울이라고 한다(Von Jesus zu Paulus, 1950).

이런 시각은 최근까지도 여전하다. 랍비 텔루슈킨(Joseph Telushkin)은 자신의 저서『유대인의 상속 이야기』(북스넛, 2014)에서 "바울이 토라를 버리고 개종에 필요한 율법적 요건들을 무시한 이후로 그리스도교는 더 이상 유대교의 한 종파가 아니고, 유대교와는 완전히 분리된 새로운 종교가 되었다"라고 말하고, 유대인 학자 맥코비(Hyam Maccoby, 1924-2004)는 그리스도교의 창시자를 예수가 아니라 예수의 신성의 신화를 창안한 바울로 보았다.[147]

서구의 그리스도교 신학자들도 비슷한 말을 했다. 19세기 말 독일 신약학계의 연구를 잘 정리한 것으로 정평이 난『신약성서신학』(1897년)에서 홀츠만(H. J. Holtzmann)은 예수가 아니라 "바울이 그리스도교 신학에 존재와 내용을 부여했다"라고 잘라 말했다.[148] 또한 종교사학파의 대표주자인 브레데(W. Wrede)는 예수와 바울 사이에는 신학적 불연속성이 놓여 있음을 강조하면서 바울을 "그리스도교의 두 번째 설립자"(Paulus, Halle 1904)라고 불렀다. 바이체커(C. H. Weizsäcker)와 플라이더러(O. Pfleiderer) 역시 바울을 "그리스도교 신학의 창조자이자 설립자"라고도 불렀다.[149] 또한 21세기에 돌입한 현재 저명한 신약학자 타이센(G. Theissen) 역시『기독교의 탄생』(Die Religion der ersten Christen, 2000)에서 바울을 "새로운 종교의 창시자"로 명명하고

---

147) H. Maccoby, *The Mythmaker: Paul and the Invention of Christianity* (London, 1986).
148) H. J. Holtzmann, *Lehrbuch der neutestamentlichen Theologie II* (Leipzig, 1897), 1.
149) C. H. Weizsäcker, *Das apostolische Zeitalter der christlichen Kirche* (1892), 145; O. Pfleiderer, *Der Paulinismus* (1873), 18.

있다.

이렇게 보면 그리스도교를 진정 그리스도교답게 만든 장본인이 다름 아닌 바울이라는 점에서 유대인 학자와 그리스도교 학자 사이에 어느 정도 공감대가 형성된 것 같다. 그런데 바울과 예수 사이의 관계를 어떻게 볼 것인가의 문제를 둘러싸고는 지금도 여전히 논란이 있다. 다음과 같은 질문들을 제기한다.

- 왜 바울은 예수의 중심 메시지인 '하나님나라 선포'에 대해 침묵하는가?
- 왜 바울은 역사적 예수의 가르침과 행적에 관심이 없는가?
- 왜 바울은 소외된 민중의 편을 들었던 예수 대신에, 만인의 구세주 그리스도에 대해 집중하는가?

브레데(William Wrede)는 20세기 초에 예수와 바울 사이의 통일성을 거부하고 완벽한 결렬을 선언한 대표적인 학자이다. 그는 바울신학의 핵심을 기독론으로 보았고, 바울의 가르침은 그리스도와 그의 사역을 본질로 한다고 여겼다. 또한 바울 전체 교리의 핵심은 그리스도의 성육신, 죽음, 부활로 구성된 구원의 역사에 있다고 보았다. 이런 시각에서 브레데는, 바울이 예수의 복음을 수용한 사람임을 인정하려고 하지 않았다. 바울의 칭의론조차도 분파적 유대교와의 투쟁과 관련하여 해석하면서 속죄 교리의 한 우연한 측면으로만 파악하였다.

그리하여 브레데에 따르면, 바울은 예수와 정반대로 그리스도교를 구원의 종교로 만든 장본인으로서 "그리스도교의 두 번째 설립자"가 되며, 한 걸음 더 나아가 "그리스도교적 종교의 이 두 번째 설립자는 의심의 여지없이 첫 번째 설립자(=예수)에 비해 전반적으로 더 강력한 영향력을 행사했다"라고 한다.[150]

또한 (요한과) 바울 기독론의 기원을 중동에서 활동한 영지주의 종교들 가운데서 찾으려고 한 부세트(Wilhelm Bousset)와, 그것을 만대교나 마니교[151] 문헌들 가운데서 찾으려고 한 라이첸슈타인(Richard Reitzenstein)과 같은 종교사학파 학자들은 브레데의 영향을 받아서 바울의 신학적 배경을 헬레니즘 시대의 신비종교에서 찾고자 했다. 그리하여 바울이 전한 그리스도교를 그런 밀의종교 중 하나를 특별하게 발전시킨 것으로 해석했으며, 예수 그리스도는 신비종교에서 숭배하는 초월적이고 초자연적인 영을 가진 퀴리오스(=주님)에 해당한다고 간주했다. 이들 종교사학파의 바울 해석은 하나같이 바울과 예수의 연속성을 인정하지 않았다.

예수와 바울 사이의 불연속성을 강조한 입장은 방금 언급한 종교사학파의 입장보다 앞선 18세기 라이마루스(Hermann Samuel Reimarus, 1694-1768)에 의해 강하게 제기된 이후 오늘에 이르기까지 꾸준히 영향을 끼치고 있다. 흑인 신학자 앨버트 클리지(Albert B. Cleage, 1911-2000)는 『흑인 메시아』라는 책에서 예수와 바울을 대립시키면서, 나사렛 예수는 현대의 흑인처럼 고난받는 이들을 위한 위대한 사회혁명가인 반면, 바울은 사회개혁의 과제를 회피하고 개인의 영혼 구

---

150) W. Wrede, *Paulus*, (Halle, 1904), 103f; 제임스 던도 바울을 "그리스도교의 두 번째 설립자"로 부른다: *Christianity in the Making*, Vol. 2 (Grand Rapids: Eerdmans, 2009), 519.
151) 만대교(Mandaeism)는 유대교 분파나 유대그리스도교 분파의 세례운동에서 유래한 종교 혼합적 성격의 종교로 보거나, 영지주의 분파가 남부 이라크 거주민과 섞이면서 생겨난 종교로 보기도 한다. 세례 요한을 메시아로 믿었기 때문에 "요한계 그리스도인"으로 불리기도 한다. 마니교(Manichaeism)는 특히 영지주의로부터 많은 영향을 받은 계시종교로서 페르시아인 설립자 '마니'(3세기)의 이름에 따라 그와 같이 불리며, 구원의 전제로서 고행의 중요성을 강조했다.

원에만 관심을 가졌던 전형적인 백인으로 이해했다.

또한 미국의 해방신학자 조지 픽슬리(George Pixley)에 따르면, 바울은 혁명적인 예수 운동을 개인적이며 영적인 종교로 변질시켜 하나님 나라의 대망을 내면화함으로써 예수의 근본정신을 왜곡한 인물이다. 유대인 저술가 라피데(Pinchas Lapide, 1922-1997)는 『다메섹과 쿰란 사이의 바울』이란 저서에서, 토라에 충실한 나사렛 예수를 시골 출신의 경건한 하시딤 랍비에 비유한 반면, 바울은 번화한 뉴욕 시의 디아스포라 개혁랍비에 비유했다.

이처럼 오늘날 여러 학자들은 예수와 바울 사이의 불연속성을 주장하고 있다. 그런 주장이 성경에 비추어 볼 때 과연 타당한지, 아니면 오히려 예수와 바울 사이의 신학적 연속성을 말하는 것이 정당한지, 정당하다면 어떤 의미에서 그러한지에 대해 살펴보려 한다.

2. 바울서신에 나오는 "주님의 말씀"

바울은 나사렛 예수를 개인적으로 만난 적이 없다. 부활절 이후에야 다메섹 체험을 통해 회심에 이르고 복음을 영접한다. 그리하여 바울은 부활하시고 하나님 우편으로 올라가신 주 예수 그리스도에 대한 신앙고백에 이른다. 이 신앙고백이 예수에 대한 그의 생각을 전면적으로 지배하게 된다. 그러므로 바울은 자신의 신학을 나사렛 예수가 선포한 내용의 연속이라고 이해하지 않았다. 이런 기본적인 시각을 갖고 먼저 바울서신에 나타나는 "주님의 말씀"에 대해 살펴보자. 바울서신 안에는 예수 전승을 말하는 대목이 나오나 아주 단편적이다.

고린도전서에 "주님의 말씀"이라고 하면서 3번 '나사렛 예수의 말씀'이 나타난다. 그 가운데 성만찬 전승이 무엇보다 중요하다.[152]

① (고전 11:23-26) "내가 너희에게 전한 것은 주께 받은 것이니 곧

---

152) 아래 내용은 M. Wolter, *Paulus: Ein Grundriss seiner Theologie* (Neukirchen-Vluyn, 2011), 449-455을 참조했다.

주 예수께서 잡히시던 밤에 떡을 가지사 축사하시고 떼어 이르시되 이것은 너희를 위하는 내 몸이니 이것을 행하여 나를 기념하라 하시고 식후에 또한 그와 같이 잔을 가지시고 이르시되 이 잔은 내 피로 세운 새 언약이니 이것을 행하여 마실 때마다 나를 기념하라 하셨으니 너희가 이 떡을 먹으며 이 잔을 마실 때마다 주의 죽으심을 그가 오실 때까지 전하는 것이니라."

고린도전서 15장 3절의 경우처럼 바울은 전승의 연속을 나타내는 전문용어인 '받다'와 '전하다'라는 동사를 사용하면서 옛 전승을 인용하고 있다. 여기에서 바울은 "주께 받은 것"이라고 분명히 밝히고 있으나, 그럼에도 나사렛 예수와 부활하신 주님을 동일시하는 데서 이 전승의 중요성을 이끌어내고 있다. 그리하여 "주 예수께서 잡히시던 밤에…"라고 말한다. 이어서 예수의 최후 만찬 행위를, 부활하신 주님의 권위를 통해 교회의 성례전으로 선포한다. 여기에서 바울은 성만찬을 통해, 부활하신 주님과 동일한 나사렛 예수를 현재 시점에서 재현하고 있다.

특히 "잡히시던 밤에"(고전 11:23)라는 표현은 나사렛 예수의 역사에서 비롯된 유일한 흔적에 해당한다. 이것은 수난이야기와 직결된 것으로 유다의 배반을 암시할 뿐만 아니라, 예수의 죽음과 부활 사건의 배후에 하나님이 계심을 말한다. 한마디로 나사렛 예수의 길은 하나님의 섭리에 따른 것임을 말한다.

성만찬 전승에 나오는 이른바 '성만찬 제정의 말씀'은 바울에게 있어서 나사렛 예수가 한 말을 글자 그대로 인용한 유일한 말씀이다. 정형화된 형태를 띠고 있다는 이유에서 이 제정의 말씀을 역사적 예수 자신에게서 비롯된 것으로 여기지 않고 초기 그리스도교 예배의 산물로 간주하는 학자도 있다.[153] 그러나 성만찬 전승은 나사렛 예수의 최후 만찬 전승을 수용하여 전하고 있는 본문으로 이해하는 것이 마땅하다. 왜냐하면 바울의 증언은 "예수께서 잡히시던 밤"과 관련된 사건의 목격자인 베드로가 아직 살아 있는 동안에 나온 증언이기 때문이다. 예수는 식사의 처음과 마지막 부분에서 자신의 죽음의 의미를 언급했을 것이다. 또한 떡과 포도주의 분배행위가 일찍부터 제정의 말씀과 하나가 되어 전승되었다는 사실도 그것을 뒷받침한다.

보충설명

성만찬 전승은 고린도전서 11장 23-25절 외에 공관복음에도 나온다(막 14:22-25; 마 26:26-29; 눅 22:15-20). 두 가지 전승 형태로 나눌 수 있다. 하나는, 마가가 대표하는 전승 형태로서 마태는 마가의 전승을 제의적 관점에서 확장시켰다. 이 경우 "떡/몸"과 "포도주/피"가 나란히 나오며 하나님나라에서의 식사에 관한 종말론적 전망을 담고 있다. 다른 하나는, 바울과 누가가 전해 주는 형태의 전승이다. 이 전승은 본래 한뿌리에서 유래한 것으로 보인다. "떡/몸"과 "잔/새 언약"이 나란히 나오며 종말론적 전망을 언급함과 동시에 반복하라는 명령이 나온다.

② (고전 7:10-11) "결혼한 자들에게 내가 명하노니 (명하는 자는 내가 아니요 주시라) 여자는 남편에게서 갈라서지 말고 (만일 갈라섰으면 그대로 지내든지 다시 그 남편과 화합하든지 하라) 남편도

---

153) 예컨대 브라운은 성만찬 전승을 헬레니즘적 제의 식사에서 유래한 것으로 여긴다: H. Braun, *Jesus* (Stuttgart/Berlin, 1969), 50.

아내를 버리지 말라."

　마가복음이나 Q에 유사한 전승이 나오나(막 10:6-9; 마 19:5-8; 막 10:11f; 마 19:9; 마 5:32; 눅 16:18), 여기에서 바울은 자신들의 완전성을 결혼을 끝냄으로써 드러내려는 고린도 교인들을 향해 말하고 있다. 바울은 자신의 진술이 주님의 권면에 일치한다고 한다.

　③ (고전 9:14) "이와 같이 주께서도 복음 전하는 자들이 복음으로 말미암아 살리라 명하셨느니라."

　이와 유사한 말씀이 마태복음 10장 10절과 누가복음 10장 7절에 나온다. 여기에서 바울은 주님의 말씀을 글자 그대로 인용한다기보다, 고린도 교인들에게도 알려진 주님의 말씀을 내용적인 의미에서 전하고 있다. 특이하게도 여기에서 바울은 자신이 갖고 있는 복음 선포의 소명을 주님의 권면 위에 두고 있으나, 위의 말씀을 정작 자기에게는 적용하지 않는다.

　위의 두 구절(고전 7:10-11, 9:14)은 엄밀한 의미에서 '인용문'이라고 말하기 어렵다.[154] 예수 말씀의 내용을 그 의미에 부합하게 자유롭게 다시 쓴 표현들에 해당한다. 그럼에도 이 두 본문 안에서 바울이 예수 전승에 대해 어느 정도 알고 있다는 사실을 유추해 낼 수 있다. 그 밖에도 바울서신 안에서 예수 말씀에 대한 '암시'로 여길 수

---

154) 다음의 두 구절도 역시 예수 말씀의 인용문으로 보기 어렵다: (고전 14:37) "만일 누구든지 자기를 선지자나 혹은 신령한 자로 생각하거든 내가 너희에게 편지하는 이 글이 주의 명령인 줄 알라"; (살전 4:15) "우리가 주의 말씀으로 너희에게 이것을 말하노니 주께서 강림하실 때까지 우리 살아남아 있는 자도 자는 자보다 결코 앞서지 못하리라." 여기에서 바울은 "주의 명령" 혹은 "주의 말씀"이라는 권위에 의지해서 자신의 진술을 하고 있지, 나사렛 예수의 말씀을 직접 인용하고 있다고 말하기 어렵다.

2. 바울서신에 나오는 "주님의 말씀"

있는 몇몇 구절이 있다(예컨대, 로마서 12장 14, 20절이 누가복음 6장 27-28, 35절 par, 마태복음 5장 44절을 반영한다. 또한 로마서 14장 14절이 마가복음 7장 15절을 반영하고, 고린도전서 13장 2절이 마가복음 11장 23절을 반영한다. 데살로니가전서 5장 2, 6절은 누가복음 12장 39절 par, 마태복음 13장 35절, 24장 43절을 반영하고 있다).

이들 구절들 가운데 실제로 어느 정도 예수 말씀 전승이 담겨 있는지 말하기 어렵다. 예수 말씀 전승에서 유래하기보다는 초기 그리스도교 전승 안에 각색된 예수의 말씀에서 온 것일 수도 있다. 따라서 이들 경우 바울이 예수 전승을 분명히 알고 있다고 말하기 어렵다. 이 구절들은 바울신학의 중심과 무관할 뿐만 아니라, 예수와 바울 사이의 신학적 관계를 밝히기 위한 자료로 삼기도 어렵다.

결론적으로, 바울은 지상적 예수에게서 유래한 다양한 전승들을 이용하고 있음이 분명하나, 그것들을 부활하신 주님의 권면과 동일시했다. 바울서신에 나타나는 이런 전승들은 주님의 말씀으로 간주되는 초기 그리스도교 전승이 바울에게 전해진 일부에 해당할 것이다. 아마도 바울은 그보다 더 많은 전승을 알고 있었으리라 생각된다.

3. 바울신학의 중심과 예수선포의 중심에서 바라본 비교

나사렛 예수의 선포 중심에는 하나님나라가 있으나, 바울 선포의 중심에는 예수 그리스도가 있다! 다시 말하면, 예수의 메시지는 마가복음이 전하듯 하나님나라에 초점을 맞춘다.

(막 1:15) "때가 찼고 하나님의 나라가 가까이 왔으니 회개하고 복음을 믿으라"

그러나 바울은 하나님나라를 선포의 중심으로 삼지 않고, 십자가에 달려 죽으셨다가 부활하신 주 예수 그리스도를 '복음'으로 선포하는 데 집중한다. 명백해 보이는 이런 차이에도 불구하고, 바울과 예수 사이에 연속성을 드러내는 3가지 특징이 있다[155]:

---

155) 제임스 던(James D. G. Dunn)은 자신의 저서 『예수, 바울, 복음: 예수의 선포로부터 바울의 복음까지』(새물결플러스, 2019), 197-227에서 예수와 바울 사이에 직접적인 연결을 가능하게 하는 3가지 특징을 설득력 있게 제시했다.

① 하나님의 은혜는 이스라엘 내부에만 국한된 것이 아니라, 외부로도 즉 이방인에게도 열려 있다는 사실이 바울과 예수에게 공통적이다. 예수는 당시 민간 경건운동에 커다란 영향력을 끼치고 있던 바리새파 경건주의에 저항했다. 바리새파는 성전에서 통하는 거룩성을 일상의 삶에서도 실천하고자 했다. 그러한 거룩성을 지키기 위해 율법을 지키지 않는 사람들, 이른바 '죄인들'로부터 자신들을 구별했다.

이와 같은 바리새인의 분파주의에 예수는 강하게 저항했다. 그런 구별은 종파적 관점에서 내린 판단에 불과한 것이었다. 그와 달리 예수는 하나님의 은혜를 개방적으로 생각했다. 다시 말해, 당시 바리새인들이 은혜 밖에 있다고 간주한 사람들에게도 하나님의 은혜가 열려 있다는 사실을 예수는 매우 중요하게 여겼다. 그래서 예수는 "나는 의인을 부르러 온 것이 아니요 죄인을 부르러 왔노라"(막 2:17 par)고 말했다.

이와 같은 예수의 입장은 대중들로부터 비난을 유발시켰다. "보라 먹기를 탐하고 포도주를 즐기는 사람이요 세리와 죄인의 친구로다"(마 11:19; 눅 7:34). 또한 누가복음은 "이 사람이 죄인을 영접하고 음식을 같이 먹는다"(눅 15:2)라는 바리새인들의 불평에 대해 예수가 '잃은 양, 잃은 동전, 잃어버린 아들'에 관한 비유를 말했다고 전한다.

이처럼 예수는 "이스라엘 내부의 경계선을 돌파했다"(제임스 던). 이러한 사실에 부응하듯이, "이방인의 사도"(롬 11:13; cf. 갈 1:16)로 자신을 이해한 바울은 "이스라엘 둘레의 경계선을 돌파했다." 이방인을 위한 사도로서의 바울의 소명은 예수의 하나님나라 선포에 놓인 개방성에 대한 지식에서 영향을 받았음이 분명하다.

② 종말론과 성령론에 나타나는 이중성이 바울과 예수에게 공통적이다. 종말론적인 하나님나라(Basileia)가 이미 시작되었다는 예수의 선포는, 의심의 여지가 없는 예수 메시지의 특징이다! 그러나 동시에 예수는 하나님나라가 미래에 가서야 온전해지리라 전망했다("나라가 임하시오며", 주기도 마 6:10; 눅 11:2).

그런데 예수는 성령을 종말론적인 하나님나라가 현재 드러나는 능력으로 이해했다(마 12:28 "내가 하나님의 성령을 힘입어 귀신을 쫓아내는 것이면 하나님의 나라가 이미 너희에게 임하였느니라"). 바울에게도 예수의 사역에서와 마찬가지로 종말론적인 긴장이 나타난다. 즉 바울의 칭의론에는 '이미와 아직 아님'의 차원이 담겨 있다. 바울의 칭의론 메시지는 분명 현재성을 가진다.

> (고후 6:2) "보라 지금은 은혜 받을 만한 때요 보라 지금은 구원의 날이로다"
> (롬 5:1-2) "우리가 믿음으로 의롭다 하심을 받았으니 우리 주 예수 그리스도로 말미암아 하나님과 화평을 누리자 또한 그로 말미암아 우리가 믿음으로 서 있는 이 은혜에 들어감을 얻었으며"

이러한 현재 종말론적인 바울의 메시지는 하나님나라가 이미 임하였다는 예수의 메시지와 일치한다. 바울은 구원의 현재성을 분명히 말하나, 다른 한편 구원의 완성은 여전히 미래에 있다는 사실도 언급한다. 바울의 확신에 따르면, 누구든지 그리스도 안에 있으면 "새로운 피조물"(고후 5:17)로 살아가나, 구원의 완성은 예수 재림에 주어질 것이다(고후 5:10 "우리가 다 반드시 그리스도의 심판대 앞에 나타나게 되어 각각 선악 간에 그 몸으로 행한 것을 따라 받으려 함이라").

3. 바울신학의 중심과 예수선포의 중심에서 바라본 비교

이러한 이중성이 바울의 성령 이해에도 나타난다. 바울은 성령을 가리켜 '아라본'(ἀρραβών), 즉 구원의 완성을 위한 "보증"(고후 1:22)이라 부를 뿐만 아니라 '아파르케'(ἀπαρχή, 롬 8:23), 즉 마지막 수확을 알리는 '첫 열매'라 부른다. 예수를 믿고 세례받은 교인들은 모두 성령을 받은 자라고 바울은 확신했다. 바울에게 성령은 '종말에 우리의 수치스러운 몸을 바꾸어 그리스도의 몸이 지닌 영광에 일치시키는 평생에 걸친 구원의 과정을 완성하는 능력'이다.

③ **사랑의 계명과 관련하여** 바울은 예수와 긴밀하게 연결되어 있다. 바울은 율법에 대한 자신의 태도를 예수로부터 가져왔다. 두 사람 사이의 연속성이 가장 분명히 드러나는 지점이 사랑의 계명이다. 마가복음 12장에서 모든 계명 중에 첫째가 무엇이냐는 한 서기관의 질문을 받은 예수는 율법 전체를 요약하는 두 가지 계명에 대해 말한다.

> (막 12:29-31) "첫째는 이것이니 이스라엘아 들으라 주 곧 우리 하나님은 유일한 주시라 네 마음을 다하고 목숨을 다하고 뜻을 다하고 힘을 다하여 주 너의 하나님을 사랑하라 하신 것이요 둘째는 이것이니 네 이웃을 네 자신과 같이 사랑하라 하신 것이라 이보다 더 큰 계명이 없느니라"

이러한 예수의 말씀 전승이 사랑에 대한 바울의 언급에 결정적인 영향을 끼쳤음이 다음의 구절에 분명히 드러난다. 모든 계명은 "네 이웃을 네 자신과 같이 사랑하라"(롬 13:9), "온 율법은 네 이웃 사랑하기를 네 자신같이 하라"(갈 5:14)고 하신 한 말씀에서 이루어졌다.

▶ 위에 언급한 내용을 통해 이제 우리는 예수와 바울 사이의 관계에 대해 분명히 답할 수가 있다. 일부 학자들이 주장하듯, 예수와 바울 사이에는 도저히 넘어갈 수 없는 심연이 놓여 있다고 말할 수 없다! 바울은 예수의 선포를 왜곡시킨 장본인이 아니다. 오히려 바울은 하나님의 통치가 이미 시작되었다는 예수의 하나님나라 선포를 자신의 비전 안에서 새롭게 해석한 사람이었다. 이방인의 사도로서의 자신의 소명을 의식하면서 예수의 하나님나라 선포를 자신의 복음 선포에 수용했다고 보는 것이 마땅하다. 예수의 하나님나라 메시지가 바울에게 와서, 죄인 된 인류를 위한 은혜의 메시지, 이른바 '칭의론'으로 바뀐 것이다. 이러한 바뀜은 변조가 아니라, 새로운 차원의 해석이다!

지금부터 120년 전에 바울을 "그리스도교를 유대교로부터 꺼낸 사람이었다"라고 말한 자유주의 신학의 대표자에 속하는 하르낙(A. Harnack)조차 바울을 가리켜 "예수의 제자로, 곧 다른 모든 제자들보다 더 많은 일을 했을 뿐만 아니라, 더 위대한 일을 행했던 사도"로 이해했다.[156]

그리고 20세기 후반의 빼어난 신약학자 케제만(E. Käsemann)은 예수와 바울 사이의 연속성을 지지하면서 다음과 같은 말했다. "칭의의 논점은 예수가 선포한 하나님나라와 다름이 없다…하나님나라는 바울의 칭의론의 내용이다."[157] 정곡을 찌르는 말이다.

21세기 현재 진보적인 입장을 대변하는 '예수 세미나'의 저명한 두 학자 보그와 크로산(M. J. Borg, J. D. Crossan)도 "그리스도 안에 사는

---

156) A. Harnack, *Das Wesen des Christentums* (Leipzig, 1900). 오흥명 역, 『기독교의 본질』 (한들출판사, 2007), 163.
157) E. Käsemann, *Perspective on Paul* (1969; London, 1971), 75.

삶에 대한 바울의 비전은 예수 자신의 메시지와 비전에 매우 충실한 것"으로 이해하면서, 바울을 가리켜 "자신의 주님이 된 급진적 예수의 충실한 사도"라 부른다.[158] 필자 역시 이 점에 전적으로 공감한다.

바울이, 유대인과 이방인 사이에 놓인 구별을 신학적인 차원에서 제거한 것은 예수의 사역과 내용적으로 연결되어 있다. 비록 나사렛 예수가 이스라엘의 경계를 넘어서 활동하지도 않았고, 또 그의 선포가 본질적으로 이스라엘에 한정되어 있었다 할지라도, 예수의 선포는 이방인에게도 열려 있었다고 보아야 한다. 비록 새로운 종말론적 이스라엘 12제자단의 설립이 예수의 뜻이었고, 예수 사역의 방향이 이스라엘을 향했다 할지라도 궁극적인 구원과 멸망의 결정은 예수의 말씀에 순종했는지의 여부에 달렸기 때문이다(눅 6:47-49; 마 7:24-27). 이렇게 보면 결국 예수에게, 유대인과 이방인 사이의 구별이 무의미하다. 바로 그것을 바울은 간파했다고 말할 수 있다.

물론 바울의 신학은 예수의 하나님나라 선포를 직접적으로 이은 연속물이라고 말하기는 어렵다. 그것은 본질상 예수의 선포를 전승사적으로 물려받은 것이 아니라, 바울 자신의 언어와 사고방식을 따른 것이기 때문이다. 어떤 학자는 이를 가리켜 예수와 바울 사이에 "패러다임의 교체"(J. Becker)가 일어났다고 말한다. 비록 그런 패러다임의 교체가 일어났다고 해서, 두 사람 사이의 관계를 불연속성으로 규정지을 수 없다. 위에서 살펴보았듯이 바울의 신학은 본질적인 차원에서 예수의 선포와 연속성을 띠고 있음이 분명하기 때문이다.

---

158) M. J. Borg/J. D. Crossan, *The First Paul*, 2009. 김준우 역, 『첫 번째 바울의 복음』 (한국기독교연구소, 2010), 20.

4.
바울이 예수 전승에 대해 침묵한 이유는?

위의 설명에도 불구하고 바울은 왜 나사렛 예수의 전승에 대해 거의 관심을 보이지 않았는지에 대한 질문이 여전히 남아 있다. 아마도 예수를 이해하는 방식과 관련이 있어 보인다. 나사렛 예수를 이해하기 위한 다음과 같은 2가지 모델이 있다.[159]

• 모델 A: 마태의 경우처럼, 예수를 권세 있는 "말씀과 행위를 통한 메시아적 교사"로 활동하다가 유대인의 거부로 사망에 이르렀으나, 하나님이 부활시키어 부활한 자로서 온 세상을 향해 선교를 명하는 자로 이해할 수 있다(마 28:19-20). 이런 이해 방식을 따를 경우, 나사렛 예수의 말씀 전통과 그것의 유효성을 세밀하게 기술하고 첨예화하는 것이 무엇보다 중요할 것이다.
• 모델 B: 바울처럼, "예수의 운명"에 의해서 나사렛 예수가 누구인지를 이해하는 경우이다. 이 구상은 예수의 역사에 일어난 특정

---

159) 예수 이해에 대한 이러한 2가지 구분은 J. Becker, *Paulus: Der Apostel der Völker* (Tübingen 1989), 124-126에서 취한 것이다.

사건들에 경도되지 않고, 예수 생애의 근본적 의미에 전적으로 집중한다. 즉, 예수의 운명은 인류의 구원을 위한 하나님의 종말론적인 활동이고, 신앙공동체의 영 안에서 일하시는 구세주에 대한 체험을 가능하게 하며, 인간을 새로운 피조물로 거듭나게 한다는 시각이다. 이와 같은 두 번째 구상은 나사렛 예수의 말씀을 부활하신 주님의 말씀과 동일시하면서 사용할 수는 있으나, 나사렛 예수의 말씀을 본질적으로 필요로 하지 않는다.

바울은 두 번째 모델을 선택했다. 그리하여 나사렛 예수를 하나의 근본적 의미로 형상화하면서, 예수의 운명이 모든 인간을 위해 지닌 현재적 중요성을 자신의 관점에서 완벽하게 진술하고자 했다. 바로 그런 이유로 바울은 그리스도교적 실존을 입증하며 그러한 실존의 완성을 바라보면서 자신의 모든 진술을 전개했다. 이렇게 보면 바울은 예수가 선포한 순수한 복음의 원형을 추상화하고 왜곡시킴으로써 그리스도교를 파멸의 길로 이끈 장본인이라고 결코 부를 수 없다! 오히려 바울은 예수의 하나님나라 선포를 '온 인류를 위한 복음으로 정당하게 해석'한 위대한 신학자였다.

예수 그리스도에 대한 바울의 체험은 이른바 '다메섹 체험'에서 받은 그의 소명에서 시작되었다. 여기에서 하나님이 부활하신 예수 그리스도를 당신의 행위로 그에게 알려주셨고, 그로 인해 바울은 그 부활하신 주님을 따랐다. 그리하여 현재 주님의 위치에서 나사렛 예수의 역사를 바라보았다. 현재 주님의 위치에서, 특별히 예수의 구원의 죽음을 바라보았고, 예수의 십자가 죽음을 온 인류를 위한 하나님의 구원행위로 인식했다. 이런 이유에서 바울은 나사렛 예수를 하나의 인격체로서, 즉 임박한 하나님통치를 선포한 갈릴리의 예언자나 기적 행위자로 바라보지 않았던 것이다.

예수에 대한 바울의 관심은 오직 한 점을 향했다. 그것은 예수는 인류에게 구원을 베푸시는 하나님의 행위라는 사실이다. 예수에게 나타난 하나님의 구원행위, 즉 사람들을 구원의 길로 인도하는 예수의 십자가 사건과 부활 사건에 나타난 하나님의 구원행위, 그것을 바울은 최초로 '유앙겔리온', 즉 '복음'이라고 불렀다.[160] 그 복음에 관한 신학이 바울신학 전체의 중심에 있다.

보충설명

일리아스와 오디세이아의 작가로 알려진 고대 그리스의 시인 호메로스(Homeros, 기원전 8세기)도 '유앙겔리온'(εὐαγγέλλιον)이란 단어를 알고 있었다(Od. 14,152,166). 신약시대 당시 주변세계는 이 단어를 '한 좋은 소식' 혹은 좋은 소식에 해당하는 '봉급'을 가리키는 뜻으로 이해했다. 하지만 바울은 인간을 구원의 길로 인도하는 예수 그리스도의 십자가 죽음과 부활에 관한 메시지를 가리키는 전문용어로 '복음'(유앙겔리온)이라는 단어를 즐겨 사용했다.

이러한 의미로 사용된 복음의 용법은 아마도 바울 자신에게서 비롯되었을 가능성이 크다.[161] 갈라디아서 1장 11절에 나오는 "내가 전한 복음"이란 바울의 표현을 그런 의미로 이해할 수 있다. 바울이 최초로 '복음'이란 단어를 그리스도교의 메시지를 요약하는 말로 사용함으로써,

---

160) U. Wilckens, *Der Brief an die Römer(Röm 1-5)* (Neukirchen-Vluyn, 1987), 75; James Dunn, 『바울신학』, 255-258. 역사적 예수는 '복음'이란 개념을 사용하지 않았을 것으로 보인다. 그에 해당하는 단어가 예수 어록(Q) 가운데 나타나지 않는 사실이 그것을 뒷받침한다. 마가복음 1장 15절, 14장 9절에 예수의 말씀으로 나타나나, 이는 원시그리스도교 선교의 문맥에서 비롯되었을 것이다.

161) U. Wilckens, *Der Brief an die Römer(Röm 1-5)*, 75.

4. 바울이 예수 전승에 대해 침묵한 이유는?

향후 이 단어는 그리스도교 신학의 핵심 개념으로 뿌리를 내린다. 바울이 선포한 "복음"의 중심 내용을 좀 더 세부적으로 다음과 같이 나누어 정리할 수 있다.

① 바울에게 복음은 무엇보다 "하나님의 복음"이다(살전 2:2, 8-9; 롬 1:1, 15:16; 고후 11:7). 왜냐하면 바울이 전하는 복음은 하나님에게서 기원한 것이며(genitivus originis), 하나님이 복음의 근원자(genitivus auctoris)이기 때문이다. 이때 "복음"이란 개념은 하나님의 역동적인 활동과 관련된 '행위 명사'로서 죄인 된 인간을 구원하기 위해 행하시는 하나님의 능력이다(롬 1:16).

② 바울에게 하나님의 복음은 동시에 "그리스도의 복음"이다(롬 15:19; 고전 9:12; 고후 2:12, 9:13, 10:14; 갈 1:7; 빌 1:27; 살전 3:2). 왜냐하면 복음의 내용은 다름 아닌 '예수 그리스도'이기 때문이다. 예수 그리스도는 단지 계시의 수단에 불과하지 않고, 계시의 내용이다. 곧 계시의 내용과 복음의 내용이 일치한다.

③ 바울이 선포하는 복음은 율법과 대립된 개념이다. 바울은 그리스도의 계시를 통해 율법 추종에 열정적이었던 삶에서 벗어나 그리스도를 섬기는 삶으로 전환하였으며(갈 1:13-14), 그리스도를 '모든 믿는 자에게 의를 이루기 위한 율법의 마침'(롬 10:4)으로 선포한다. 율법과 대립된 개념으로서의 복음을 가리켜 바울은 "자신의 복음"이라고 강조한다(갈 1:11; 살전 1:5; 롬 2:16).

④ 바울이 선포하는 복음은 믿음으로 선사되는 죄인의 칭의에 상응한다. 바울은 복음을 죄인 된 인간들과 하나님을 화목하게 만드는 말씀으로 여기면서(고후 5:17-21), 율법에 대한 순종을 통해서가 아니라 오직 그리스도를 믿음으로 주어지는 죄인의 칭의를 복음의 중심으로 선포

한다(빌 3:7-10; 롬 3:21-26).

⑤ 바울이 선포하는 복음은 구전으로 전해 내려오는 만세 전에 "약속된 지혜의 말씀"에 상응한다(고전 2:6-16). 이 복음은 믿지 않는 자에게는 숨겨진 것으로 구약성서에 예언된 하나님의 약속에 뿌리를 두고 있고(롬 1:1-2), 그리스도의 재림과 온 이스라엘의 구원을 목표로 삼고 있다(롬 11:25-31).

⑥ 바울이 선포하는 복음은 정치·종교적 개념으로서의 복음 이해와 구분할 필요가 있다. 오늘날 특히 영어권에서 신약성서에 나오는 중요한 개념들 - 퀴리오스(주님), 소테르(구원자), 파루시아(재림), 디카이오쉬네(정의), 유앙겔리온(복음) - 을 헬레니즘 시대의 정치·종교적 문맥에서 이해하려는 시도가 강하다. 그리하여 바울이 강조한 "복음"을 로마 제국주의 이데올로기와 대립된 개념으로 해석하려고 한다. 예컨대, 호슬리(Richard Horsely)가 그러한 입장을 적극적으로 표방한다. 그는 바울의 복음을 "반제국주의 복음"이라 부르면서,[162] 바울이 선포한 "복음"은 로마 제국의 이데올로기가 성행하던 당시 역사적 상황에서 비롯된 것으로서 제국 이데올로기에 도전하는 의도를 담고 있다고 주장한다.

이러한 주장에도 타당한 측면이 없지는 않다. 왜냐하면 바울이 내세우는 복음은 로마 황제가 보장하는 정치·종교적 복음이 아니라, "하늘로부터 강림하는 하나님의 아들" 예수 그리스도의 십자가와 부활을 통해 사람들을 구원하는 복음을 의미하기 때문이다(살전 1:9-10).

이러한 복음에 관한 바울의 메시지는 로마 황제가 약속하는 정치·종

---

[162] R. Horsely, 『바울과 로마제국』, 홍성철 역 (기독교문서선교회, 2007), 22-25. 또한 호슬리는 예수의 행위와 가르침도 "로마의 제국적 질서에 대한 예수의 대안"으로 이해한다(『예수와 제국』, 김준우 역, 한국기독교연구소, 2004, 특히 207-210). Cf. N. T. Wright, "Paul's Gospel and Caesar's Empire", in: R. A. Horsley(ed.), *Paul and Politics* (Harrisburg: Clark, 2000), 160-183.

4. 바울이 예수 전승에 대해 침묵한 이유는?

교적 '복음들'에 이의를 제기하는 반제국주의적 인상을 불러일으킬 수 있다. 물론 바울은 제국에 저항하는 정치 혁명가는 아니었으나, 종교적 자율성을 주장하는 그의 신학은 로마 제국과 긴장관계에 있었다고 말할 수 있다. 그러나 엄밀한 의미에서 바울이 언급한 복음 개념은 로마 제국과 연관된 정치·종교적 복음 이해와 논쟁을 벌이거나 혹은 그와 같은 논쟁을 염두에 둔 문맥에서 사용된 것으로 보기 어렵다.[163] 결국 바울의 복음이 반제국주의적 함의를 지닐 수 있으나, 바울의 복음 선포가 의도적으로 반제국주의적 강세를 드러내고 있다고 말하기 어렵다.

◆ 바울은 예수 그리스도의 '십자가와 부활'을 우리 인간을 위한 참된 복음이라고 선포했다. 오늘날 우리 교계에 만연된 이기적인 '기복신앙'이나 성공만을 앞세우는 '번영신학'을 가리켜 결코 복음이라 말한 적이 없다. 그러나 오늘 한국교회 안에는 전통적 무속신앙과 물질만능주의가 교회의 복음 선포와 교묘하게 뒤섞이면서 왜곡된 복음 이해가 만연하게 되었고, 그로 인해 수많은 병폐가 일어나고 있다.

한국교회가 속히 바울이 강조한 복음의 본래 정신인 십자가와 부활의 정신을 회복하고 나사렛 예수가 보여준 섬김의 삶을 따름으로써 진정 '빛과 소금'의 역할을 온전히 감당하는 복된 교회로 거듭나길 소망한다.

---

163) J. Roloff, *Einführung in das NT* (München, 2004), 146f.

VII.

예수와 바울,
그리고 사도적 신앙고백

우리는 이제 이 책의 마지막 장에 도달했다. 예수와 바울의 관계가 21세기 오늘을 살아가는 우리 그리스도인과는 어떤 관계에 있는지를 끝으로 생각해 보고자 한다. 지금으로부터 100여 년 전에 종교사학파의 거장 브레데(William Wrede, 1859-1906)는 두 사람 사이의 불연속성을 강하게 제기하면서, 바울이 차지하는 세계사적 중요성에 대해 자신의 저서 『바울』에서 다음과 같이 요약했다.[164]

"1. 그의 선교활동을 통해 그는 그리스도교를 새로운 영역인 그리스-로마 문화의 본래적 세계 안으로 뿌리내리게 했다.
2. 그는 예수 신앙을 유대교라는 구석에서 꺼냈을 뿐만 아니라, 유대교 자체에서 분리시켰다. 그리하여 그리스도교 공동체에게 새로운 종교의 자의식을 주었다.
3. 그는 첫 번째 그리스도교 신학자였으며, 그의 신학을 통해 생겨나고 있는 종교(=그리스도교)를 결정적으로 변화시켰다."

바울에 대한 브레데의 입장은 향후 학계에 커다란 영향력을 끼쳤다. 그러나 브레데의 저서가 나온 직후 마르부르크 대학교의 신약학자로서 예수의 비유에 관한 연구가로 유명한 아돌프 율리허(Adolf Jülicher, 1857-1938)는 1907년에 출간된 그의 소책자 『바울과 예수』(*Paulus und Jesus*)에서 브레데의 입장을 강하게 반박했다.

---

164) W. Wrede, *Paulus* (Halle, 1904), 101. 브레데의 "Paulus"는 렝스토르프가 편집한 책에서도 찾을 수 있다: K. H. Rengstorf(ed.), *Das Paulusbild in der neueren deutschen Forschung* (Darmstadt, 1982), 1-97.

그는 예수와 바울 사이에 최초 신앙공동체가 존재했다는 사실을 강조했으며, 그와 더불어 바울을 이해하기 위해서는 이 최초 신앙공동체에 대한 이해가 불가피함을 역설했다. 이러한 율리허의 반박은 실로 정당하다. 어떤 의미에서 그와 같이 말할 수 있는지 이 장에서 살펴보고자 한다.

아돌프 율리허

예수와 바울 사이에 존재한 최초 신앙공동체는 나사렛 예수를 어떻게 이해했는지에 대한 질문이 자연스럽게 생겨난다. 최초 신앙공동체는 '사도적 전승'을 탄생시켰으며, 이를 통해 자신들이 나사렛 예수와 하나로 연결되었음을 믿었을 뿐만 아니라 자신들의 믿음을 후대에 전달하는 통로로 삼았다.

1.
바울 이전 시대부터 유래한 사도적 전승

최초 그리스도교 신앙공동체는 당연히 예루살렘 신앙공동체를 가리킨다. 이는 우리가 흔히 말하는 '초대교회'이다. 그런데 '초대교회'라는 개념은 불명확한 개념이다. 왜냐하면 그리스도교 제1세대를 뜻하는 '초대'(first generation) 그리스도교 시대에는 이른바 모(母)교회인 예루살렘 교회뿐만 아니라, 다른 사람들에 의해 설립된 교회들(예컨대, 안디옥 교회나 바울이 설립한 교회들 등)도 있었기 때문이다. 따라서 가능한 '초대교회'라는 표현을 피하고, 예루살렘 초대교회를 가리키는 표현으로 단순히 '예루살렘 교회' 혹은 '예루살렘 공동체' 혹은 '최초 신앙공동체'라는 표현을 쓰고자 한다.

예수의 부활을 체험한 후 12제자를 중심으로 형성된 예루살렘 교회는 그들의 메시지를 온 이스라엘을 향해 전하려는 사명감으로 들떠 있었다. 그러하기에 예루살렘 교회는 기존의 바리새파나 에센파처럼 자신들을 특별히 구별된 경건한 자들의 무리로 이해하면서 일반 대중과 분리시키려고 하지 않았다. 예루살렘 교회는 자신을 '거룩한 자들', 즉 "성도"라 불렀고(고전 6:2, 16:1), "부르심을 받은 자들"(고전 1:24; 롬 1:6), "택하신 자들"(롬 8:33), "흩어져 있는 열두 지파"(약 1:1), 또한 "택하신 족속이요 왕 같은 제사장들이요 거룩한 나라요 하나님의 소유가 된 백성"(벧전 2:9)으로 이해했다. 비록 이 모든 칭호들은 일찍이 옛 이스라엘에게 해당되던 칭호였으나, 예루살렘 교회가 탄생하면서 그 칭호들이 이제 그리스도교 공동체에게 새롭게 적용되었다.

사도행전에 따르면 이 최초 신앙공동체인 예루살렘 교회는 예수를 주님으로 영접하고서도 여전히 성전예배에 참여했으나(행 3:1, 5:12), 함께 모여 사도들의 가르침을 들었으며 성만찬식을 거행했다(행 2:42). 그러면서 앞서 언급한 여러 구약성서적 칭호들 중에서 특별히 '에클레시아'(ἐκκλησία), 즉 '교회', '신앙공동체'라는 개념을 선호하여 사용했다. 그런데 12사도를 중심으로 한 예루살렘 교회는 얼마 지나지 않아 두 개의 서로 구분되는 무리를 이루게 된다. 즉 '히브리파' 무리와 이른바 '일곱 집사'를 중심으로 한 '헬라파' 무리이다.

이들로부터 오늘날 학자들이 말하는 이른바 "사도적 전승"(apostolic tradition), 즉 사도들로부터 전해 내려오는 전승이 유래한다. 비록 신약성경 안에는 사도들의 이름으로 전해 내려온 문서들이 여럿 있으나, 오늘날 엄격한 학문적인 입장에 따르면 사도들의 시대인 첫 그리스도교 세대의 산물로 간주되는 문서는 오직 바울서신이 유일하다는 사실을 먼저 기억할 필요가 있다.[165]

다시 말해 바울을 제외한 사도들은 애석하게도 후대를 위한 문서를 일체 남겨 놓지 않았다. (물론 이런 학문적 연구결과는 일반 신앙인들이 알고 있는 대중적인 신약성경의 저자 이해와 다르다!) 그럼에도 사도들이 갖고

---

165) 이에 대해 예컨대 필자의 졸저 『독일학계의 최신 연구를 반영한 신약성경해설』(한국성서학연구소, 2013)을 참조하시오.

1. 바울 이전 시대부터 유래한 사도적 전승

있던 신앙의 모습에 대해 알 수 있는 길이 전혀 없지 않다. 왜냐하면 그들의 신앙이 바울서신을 통해 전해 내려오기 때문이다.

바울은 로마서 10장 9절에서 신앙인의 2가지 행위를 다음과 같이 구분한다.

하나는 '입으로 고백한다'(ὁμολογεῖν)는 행위이고, 다른 하나는 '마음으로 믿는다'(πιστεύειν)는 행위이다. "예수는 주님이시다!"라는 고백은 예수의 인격에 대한 고백인 반면, "하나님이 예수를 죽은 자 가운데서 일으키셨다!"는 믿음은 하나님의 과거 활동에 대한 믿음이다.[166] 이런 구분은 사도 시대로부터 내려온 것으로 볼 수 있다. 이런 고백과 믿음은 특별한 표현 양식을 띠게 되었고, 그리하여 오늘날 학자들은 이런 표현 양식을 담은 본문을 가리켜 "사도적 전승"이라 부른다.

다메섹 체험을 통해 복음을 영접하면서 그리스도인으로 변신한 바울 역시 사도적 전승을 물려받았다. 이와 같은 사실은 바울서신 가운데 나타나는 사도적 전승을 통해 확인할 수 있다. 사도적 전승을 언급함으로써 바울은 자신이 전하는 복음은 최초 신앙공동체의 복음과 다르지 않다는 사실은 역설했다.[167]

■ 바로 바울보다 앞선 시기에서 유래한 초기 교회의 가장 대표적인 신앙고백은 이른바 "믿음 양식문"(Pistis-Formel)이다. 이는 초기 교회의 선포와 신앙고백의 핵심 내용을 요약한 것이다. 무엇보다 고린도전서 15장 3b-5절이 유명하다. 학자들은 언어적인 분석을 통해 이

---

166) L. Schenke, *Die Urgemeinde* (Stuttgart/Berlin/Köln: Kohlhammer, 1990), 327.
167) "바울의 복음" 이해에 대하여 다음 글을 참조하시오: 김창선, 『역사적 성서해석과 신학적 성서해석』(교육과학사, 2016), 289-310.

양식문은 최초 팔레스타인 신앙공동체인 예루살렘 교회의 산물임을 밝혔다. 이 본문을 가리켜 그리스도교 "최초의 신앙고백"이라 부르기도 한다. 그리스어 원문을 고려하여 우리말로 다음과 같이 번역할 수 있다.

> (고전 15:3-5) "(내가 받은 것을 먼저 너희에게 전하였노니)
> 성경대로 그리스도께서 우리 죄들을 위하여 죽으시고
> ὅτι χριστὸς ἀπέθανεν ὑπὲρ τῶν ἁμαρτιῶν ἡμῶν κατὰ τὰς γραφὰς,
> 또한 매장되셨다가
> καὶ ὅτι ἐτάφη,
> 또한 성경대로 셋째 날에 부활되셨으며
> καὶ ὅτι ἐγήγερται τῇ ἡμέρᾳ τῇ τρίτῃ κατὰ τὰς γραφὰς,
> 또한 게바에게 후에 열두 제자에게도 보이셨다."
> καὶ ὅτι ὤφθη Κηφᾷ εἶτα τοῖς δώδεκα.

여기에서 바울은 앞선 시대에서 유래한 "믿음 양식문"을 인용하고 있다는 사실을 이미 20세기 초에 신약학자 제베르크(Alfred Seeberg, 1863-1915)가 다음과 같은 4가지 이유를 통해 입증했다.[168]

① 바울은 고린도 지역 교인들에게 전한 복음이 자신이 스스로 고안해 낸 것이 아니라 신앙의 선배들로부터 "받은 것"임을 유대적 전승 과정의 전문 용어를 사용하여(받다-전하다)[169] 분명하게 밝히고

---

168) *Der Katechismus der Urchristenheit* (Leipzig, 1903).
169) 그리스어 '파라디도미'(παραδίδωμι= 전하다)는 구전의 토라 전승을 전해 주는 것을 가리키는 히브리어 '마사르'(מסר)에, '파라람바노'(παραλαμβάνω=받다)는 전수받는 것을 가리키는 '킵벨'(קבל)에 해당한다.

1. 바울 이전 시대부터 유래한 사도적 전승

있다.

② 문맥에서 바울은 단지 예수의 부활을 가지고 논증하고 있다 (고전 15:4). "성경대로 우리의 죄를 위한" 예수의 구원의 죽임과 그의 매장 관련 사실은 15장의 문맥에서 아무런 역할을 하지 않고 있다.

③ 여러 비(非)바울적인 표현들이 무더기로 나온다. "죄"의 복수형 αἱ ἁμαρτίαι[170]; "성경대로" κατὰ τὰς γραφάς[171]; "보이셨다" ὤφθη; "부활되셨다" 완료형 ἐγήγερται[172]; "열두(제자)" οἱ δώδεκα; 관사 없는 "그리스도" χριστός; 예수의 매장에 대한 언급 또한 "셋째 날에" τῇ ἡμέρᾳ τῇ τρίτῃ와 같은 표현들은 바울의 문체가 아니다.

④ 위의 본문에 나타나는 매우 정교한 구조는 정형화된 전승임을 나타낸다. 최소한 3절 후반과 4절 전반, 또한 4절 후반과 5절은 평행구조로 되어 있으며, 문장마다 저마다 부분장을 유도하는 접속사 ὅτι로 시작한다.

셈어에 정통한 요아킴 예레미아스(J. Jeremias)는 고린도전서 15장 3-5절이 아람어로 기록된 원천 텍스트를 토대로 했을 가능성이 있다고 보았다. 그의 주장을 입증할 수는 없다 할지라도, 위 텍스트의 언어는 상당히 '셈어적인 그리스어'라고 말할 수 있다. 이렇게 보면 현재 우리에게 전해 내려온 헬라어 양식문은 예루살렘 교회 내의 '헬라파' 유대 그리스도인 무리에게서 유래했을 가능성이 크다.[173] 고린도전서 15장 3-5절의 진술 양식은 세례 때 사용되던 신앙고백이

---

170) 바울은 구약 인용이나(롬 4:7, 11:27) 전승된 양식을(갈 1:4) 사용할 때를 제외하면 단수형 '죄'를 쓴다.
171) 다른 곳에서는 주로 기록되었듯이 καθὼς γέγραπται(예컨대 롬 1:31, 2:9 등)로 표현되었다.
172) 이 구절을 제외하면 바울은 예수의 부활을 항상 단순과거 시제로 썼다(롬 4:24, 6:4, 9, 7:4, 8:11, 34, 10:9; 고전 6:14, 15:15; 갈 1:1).
173) D. Zeller, Der erste Brief an die Korinther (Göttingen, 2010), 462.

거나 또는 선교현장이나 교리문답에서 사용되던 선포양식으로 간주된다. 따라서 이 양식의 "삶의 자리"는 최초 교회의 선교현장 내지는 공동체의 교훈을 가르치던 장소였을 것이다.[174]

■ 로마서 1장 3-4절에도 바울 이전 시기에서 유래한 또 하나의 사도적 신앙고백이 나타난다. 이 본문 역시 '믿음' 관련된 특정 양식을 띠었기에 "믿음 양식문"에 속한다. 바울은 로마서 1장 1절에서 낯선 로마 교회에 서신을 보내면서 자신을 "예수 그리스도의 종"이라고 소개한 후에 2절에서 로마 교인들을 향해 자신이 선포하는 "복음"에 대하여 증언한다. 그런 다음 3-4절에서 바울은 복음을 예수 그리스도와 동일시하면서 더욱 자세히 설명한다.

즉 복음은 "육신으로는 다윗의 혈통에서 나셨고 성결의 영으로는 죽은 자들 가운데서 부활하사 능력으로 하나님의 아들"이 되신 예수 그리스도를 선포한다. 이러한 표현은 바울이 자기보다 앞선 초기 교회의 전형적인 예배의식에서 유래한 것으로 보이는 '사도적 믿음 양식문'을 인용한 것이다. 이 양식문의 구조를 제대로 파악하기 위해서는 원어로 읽어야 할 것이다. 그리스어 본문을 직역하면 다음과 같다:

(롬 1:3-4)
(그는) 태어나셨네, 다윗의 혈통(씨)에서 육신에 따라
τοῦ γενομένου ἐκ σπέρματος Δαυὶδ, κατὰ σάρκα,

---

174) L. Schenke, *Die Urgemeinde*, 338. 에른스트는 "믿음 양식문"이 생겨난 "삶의 자리"(Sitz im Leben)에 따라서 두 가지로, 즉 "케리그마적 양식"과 "신앙고백 양식"으로 구분했다: J. Ernst, *Anfänge der Christologie* (Stuttgart, 1972), 57.

1. 바울 이전 시대부터 유래한 사도적 전승

(그는) 등극하셨네, 권능 안에 계신 하나님의 아들로. 성결의 영에 따라, 죽은 자들의 부활에서

τοῦ ὁρισθέντος Υἱοῦ Θεοῦ ἐν δυνάμει, κατὰ πνεῦμα ἁγιωσύνη, ἐξ ἀναστάσεως νεκρῶν.

"다윗의 혈통에서 태어남"은 족보와 관련된 정보라기보다 메시아로서의 예수의 지상적 실존을 가리키는 표현이다. 다윗의 아들로서 예수는 성경의 약속과 이스라엘의 희망을 성취한 분이다. 또한 "권능 안에 계신 하나님의 아들로 등극함"은 부활한 예수가 천상의 위엄 가운데 자리 잡았다는 뜻이다.

이 양식문은 바울 이전 시대에서 유래했음을 암시하는 여러 흔적이 남아 있다. 서로 대조를 이루는 평행 문장으로 구성되어 있으며, 두 가지 동사("태어나셨네", "등극하셨네"(선포되셨으니))가 전형적인 신앙고백문과 마찬가지로 수동태(분사)로 문장 앞에 나온다. 또한 관사가 대체로 빠져 있다. 게다가 "다윗의 혈통", "성결의 영"과 같은 표현이 바울에게는 전적으로 낯선 표현들이다. 또한 바울은 "육(신)"과 "영"의 대립을 인간론적인 의미에서 사용하고 있다. 그러나 천상적인 것과 지상적인 것의 대립이라는 의미에서 사용한 적은 없다.[175] 이런 이유 등에 근거하여 3-4절에 나오는 이 양식문은 바울의 문체가 아니라, 최초 신앙공동체의 사도적 전승에서 유래한 신앙고백임을 알 수 있다.

---

175) E. Lohse, *Der Brief an die Römer*, 64를 참조하라.

2. 최초 신앙공동체의 믿음 이해에 나타나는 특징

바울이 복음을 영접하기 전부터 이미 존재하고 있던 최초 신앙공동체, 즉 예루살렘 초대교회에서 유래한 '믿음 이해'에는 몇 가지 특징적인 양식이 나타난다. 학자들은 그 양식들을 담고 있는 진술들을 다음과 같이 구분한다.

① **죽음 양식**: 앞에서 언급한 고린도전서 15장 3-5절에 나오는 "우리 죄를 위하여 죽으시고"(3절)는 예수의 죽음이 가지는 대속의 의미를 강조한다. 또한 로마서 5장 6-8절은 죄인인 인간을 위한 그리스도의 대속의 죽음의 의미를 강조한다.

> (롬 5:6-8) "우리가 아직 연약할 때에 기약대로 그리스도께서 경건하지 않은 자를 위하여 죽으셨도다 의인을 위하여 죽는 자가 쉽지 않고 선인을 위하여 용감히 죽는 자가 혹 있거니와 우리가 아직 죄인 되었을 때에 그리스도께서 우리를 위하여 죽으심으로 하나님께서 우리에 대한 자기의 사랑을 확증하셨느니라"

두 본문(고전 15:3b-5; 롬 5:6-8)은 '죽다'라는 동사를 사용하여 죄인을 위한 그리스도의 대속의 죽음을 강조한다. 그래서 학자들은 이 두 본문을 "죽음 양식(문)"이라고 부른다. "그리스도께서 우리를 위하여 (또는 경건하지 않은 자를 위하여) 죽으셨다"는 진술은 이미 바울 이전 시대의 최초 신앙공동체의 신앙고백이었다.

② **내줌 양식**: 예수의 죽음을 가리키는 동사 '내주다'(παραδίδωμι) 또는 '주다'가 특징적이기에 이 본문을 "내줌 양식"이라고 부르게 되었다. 이는 예수의 죽음을 해석하는 전형적인 양식이다. 하나님은 당신의 아들을 아끼지 않고, 우리 때문에 내주셨다고 말한다. 여기에서 예수의 죽음은 구원을 약속하는 속죄의 죽음으로 묘사된다. 로마서 8장 32절이 아브라함이 이삭을 제물로 바치는 내용을 담은 창세기 22장을 염두에 둔 양식이라면, 로마서 4장 25절은 고난받는 종에 관한 이사야 53장을 염두에 둔 신앙고백 양식이다.

(롬 8:32) "자기 아들을 아끼지 아니하시고 우리 모든 사람을 위하여 내주신 이가 어찌 그 아들과 함께 모든 것을 우리에게 주시지 아니하겠느냐"
(롬 4:25) "예수는 우리가 범죄한 것 때문에 내줌이 되고 또한 우리를 의롭다 하시기 위하여 살아나셨느니라"
(갈 1:4) "그리스도께서 하나님 곧 우리 아버지의 뜻을 따라 이 악한 세대에서 우리를 건지시려고 우리 죄를 대속하기 위하여 자기 몸을 주셨으니"
(갈 2:20) "내가 그리스도와 함께 십자가에 못 박혔나니 그런즉 이제는 내가 사는 것이 아니요 오직 내 안에 그리스도께서 사시는 것이라 이제

내가 육체 가운데 사는 것은 나를 사랑하사 나를 위하여 자기 자신을
버리신 하나님의 아들을 믿는 믿음 안에서 사는 것이라"

③ **속죄 양식**: 예수의 죽음을 '속량' 또는 '속죄'('화목제물')로 묘사한다. 하나님이 공개적으로 예수 그리스도를 '속죄'로 세우셨다고 한다.

> (롬 3:24-25) "그리스도 예수 안에 있는 속량으로 말미암아 하나님의
> 은혜로 값없이 의롭다 하심을 얻은 자 되었느니라 이 예수를 하나님이
> 그의 피로써 믿음으로 말미암는 화목제물(ἱλαστήριον, 속죄)로 세우셨
> 으니 이는 하나님께서 길이 참으시는 중에 전에 지은 죄를 간과하심으
> 로 자기의 의로우심을 나타내려 하심이니"

여기서 '힐라스테리온'(ἱλαστήριον)은 '화목제물'로 번역하는 것보다 '속죄'로 번역하는 것이 보다 적절하다.[176] 이 단어는 이곳을 제외한 바울서신 어디에도 사용되지 않는다. '그리스도의 피'라는 표현도 바울이 전승을 사용할 때에만 나타난다(롬 5:9; 고전 10:16, 11:25, 27). 이 본문은 인간이 주도적으로 행함으로써 속죄가 이루어지는 것이 아니라, 하나님 스스로 한량없는 은혜 가운데 그리스도를 '속죄'를 위해 공개적으로 세우셨다는 사실을 강조한다.

---

176) E. Lohse, *Der Brief an die Römer*, 134f. 로제는 그리스도를 지성소 안에 있는 언약궤의 덮개를 가리키는(출 25:17-22) '캅포렛'에 비교하는 해석에 반대한다. 왜냐하면 바울이 옛 언약의 예배대상인 '캅포렛'을 염두에 두면서 그리스도에 관한 진술을 했을 가능성이 적고, 또한 공개된 캅포렛으로서 그리스도가 옛 언약의 숨겨진 캅포렛과 비교되고 있다는 점이 본문의 문맥에 드러나지 않기 때문이다. 굳이 양자를 비교하려면 그리스도의 피를 캅포렛에 비교해야 적절하다는 입장이다. cf. 볼터는 "자비의 장소"(Gnadenort)로 번역한다. M. Wolter, *Der Brief an die Römer I* (Neukirchen-Vluyn, 2014), 258f. 이때 '힐라스테리온'은 추상적 개념으로 "피로써"란 표현을 통해 예수의 죽음을 대속죄일에 '캅포렛' 위에서 거행되는 피의 제의에 기능적으로 상응한다고 설명한다.

2. 최초 신앙공동체의 믿음 이해에 나타나는 특징

④ 그리스도 찬양시: 우리에게 알려진 가장 오래된 그리스도 찬양시는 빌립보서에서 바울이 전해주는 찬양시이다(빌 2:6-11). 언어적이며 내용적인 측면에서 볼 때 이 찬양시는 바울 이전 시대에서 유래한 노래가 틀림없다.[177]

A. 그는 근본 하나님의 본체시나
　하나님과 동등됨을 취할 것으로 여기지 아니하시고
　오히려 자기를 비워
　종의 형체를 가지사

B. 사람들과 같이 되셨고
　사람의 모양으로 나타나사
　자기를 낮추시고
　(십자가에 죽기까지) 복종하셨으니

C. 이러므로 하나님이 그를 지극히 높여
　모든 이름 위에 뛰어난 이름을 주사
　(하늘에 있는 자들과 땅에 있는 자들과 땅 아래에 있는 자들로)

　모든 무릎을 예수의 이름에 꿇게 하시고
　모든 입으로 예수 그리스도를 주라 시인하여
　(하나님 아버지께 영광을 돌리게 하셨느니라)

---

177) J. Ernst, *Anfänge der Christologie*, 61-64. "그리스도 찬양시"와 구분하여 "하나님 찬양시"도 있다(롬 11:33-36).

이 본문은 잘 구성된 이야기체로 된 그리스도 찬송시로서 구세주 예수 그리스도의 사역을 다음과 같이 세 단계로 구분한다.
A. 선재성의 단계
B. 십자가에 죽기까지 낮아지는 단계
C. 부활을 통해 하늘로 올라가 세상의 통치자로 등극하는 단계

이와 같은 3단계 그리스도론을 통해 예수 그리스도를 통한 하나님의 구원 활동에 대해 찬송과 감사와 기원의 내용을 담고 있는 본문이다. 바울선포의 핵심인 '십자가와 부활'이라는 도식이 중심적이지 않고 오히려 예수 그리스도의 낮아짐과 올리움이 중심에 있다. 성육신에 그치지 않고 그리스도의 선재성까지 언급한다.

또한 바울의 구원론에 있어서 전형적인 표현인 "우리를 위한" 혹은 "우리의 죄를 위하여"(고전 15:3)라는 표현이 십자가 해석에 빠져 있다. 이런 관찰을 통해 이 본문이 바울 이전 전승에서 유래한 것임을 알 수 있다. 이 찬양시는 3인칭의 어투로 묘사되는 특징을 갖고 있다. 그리스도 찬양시의 "삶의 자리"는 초기 그리스도교의 예배에 있다. 골로새서 1장 15-20절에도 바울 이전 시대에서 유래한 "그리스도 찬양시"가 나온다.

위에서 나열한, 바울 이전 시대부터 유래한 다양한 형태의 사도적 전승을 통해 최초 신앙공동체는 자신들이 나사렛 예수와 긴밀하게 연관되어 있음을 확신했다. 그러한 확신을 통해 나사렛 예수는 실패자로 생을 마감한 자가 아니라, 하나님의 구원활동을 위한 구세주로 이 땅에 오신 하나님의 아들이심을 증거했다.

3. 사도신경의 중요성

나사렛 예수가 누구인가를 고백한 최초 신앙공동체의 "사도적 전승"은 바울을 거쳐 훗날 그리스도교 신앙고백의 전형으로 자리 잡은 '사도신경'(symbolum apostolorum)에 이르기까지 영향을 끼친다.[178] 이를 역으로 말하면 오늘 우리가 예배 시간에 고백하는 '사도신경'은 바울과 연결될 뿐만 아니라 그 앞에 존재했던 최초 신앙공동체인 예루살렘 교회와도 연결되어 있다고 말할 수 있다.

사도신경의 사도적 기원을 둘러싸고 중세 때 한동안 논란이 있었다. 예컨대 에베소의 대주교인 마르쿠스 유게니쿠스(Marcus Eugenicus, 1444년 사망)는 한 공회에서 사도들의 그런 고백이 동방교회에는 알려져 있지 않고, 실제로 그것이 사도들에게서 유래된 것이라면 틀림없이 사도신경을 언급했을 것이라고 말함으로써 놀라움을 자아내기도 했다.

---

[178] 사도신경의 본문은 대체로 고대 로마의 신앙고백인 '로마눔'(Romanum)에서 유래한 것으로 추정한다. 로마눔의 텍스트는 본래 그리스어였으나, 440년경 루핀(Rufin of Aquileia)이 라틴어로 번역하였다(Commentarius in symbolum apostolorum).

물론 오늘 우리가 사용하는 신앙고백의 본문이 액면 그대로 사도들에게서 유래했다고는 말하기 어려울 것이다. 그럼에도 그 안에는 우리가 이미 살펴보았듯이 바울보다 앞선 시대에 믿음의 길에 들어선 사도들을 포함한 예루살렘 교회의 믿음의 선진들이 전해 준 정형화된 신앙고백의 내용이 담긴 것은 분명하다. 이런 의미에서 '사도신경'이란 용어를 오늘날 우리도 사용할 수 있다고 생각한다.

◆ 현대에 들어와서 '사도신경'을 둘러싼 약간의 논란이 다른 각도에서 일어나고 있다. 초기 그리스도교 시대부터 전해 내려온 사도신경이 현대 그리스도인의 신앙고백으로 적합하지 않다는 주장이 있다. 사도신경 속에 나오는 교리적 진술은 현대인의 사고방식에 비추어 참된 진리로 고백하기 어려워졌을 뿐만 아니라, 현대 교회 역사에 대한 입장 표명이 빠져서 신앙고백으로서의 의미가 퇴색했다는 이유를 댄다. 따라서 옛 사도신경을 대신하여 현대의 신앙에 어울리는 그런 내용으로 바꿔야 한다고 주장한다.

그러나 오늘날 우리 그리스도인이 쉽게 버려서는 안 되는 중요한 가치가 사도신경에 담겨 있다. 그것은 한마디로 오늘 나의 신앙과 우리의 교회는 나 홀로 존재하는 것이 아니라, 우리가 위에서 살펴보았듯이 2천 년 전 예루살렘 초대교회의 신앙과 하나로 연결되어 있다는 사실이다.

다시 말해 사도신경은 오늘 우리의 교회와 초창기 교회 사이에 연속성이 있다는 사실을 증거한다. '정통신앙'의 규범으로 간주되는 사도신경이 비록 교부 시절에 교회 정치의 산물이라 말할 수 있다 할지라도, 그 안에는 예루살렘 초대교회 시절 예수의 첫 번째 제자들인 사도들의 신앙고백 전승이 녹아 있다.

사도신경의 진술 내용을 현대의 과학적인 지식에 비추어 판단하기보다는, 그 내용 안에 담긴 신학적 진리에 대한 고백으로 이해해야 마땅하다. 이런 시각에서 보면 사도신경은 여전히 현대인에게도 중요한 그리스도교의 핵심을 담은 신앙고백으로 보존할 가치가 있을 뿐만 아니라 기억할 필요가 있다. 사도신경에 포함된 사도적 전승을 통해 오늘의 우리는 나사렛 예수와 긴밀하게 연관된 예루살렘 초대교회로부터 바울로 이어지며 후대의 모든 교회를 하나로 이어주는 사도적 신앙고백에 동참하고 있다는 사실을 잊어서는 안 될 것이다.

참고문헌

- Barclay, John M. G., *Paul and the Gift*, GrandRapids, Michigan: Eerdmans, 2015. 송일 역, 『바울과 선물』, 새물결플러스, 2019.
- Barth, M./Blank, J./Bloch, J./Mussner, F./Zwi Werblowsky, *Paulus: Apostat oder Apostel?*, Regensburg: Friedrich Pustet, 1977.
- Becker, J., *Jesus von Nazaret*, Berlin: de Gruyter, 1996.
- Becker, J., *Paulus: Der Apostel der Völker*, Tübingen: Mohr, 1989.
- Beilby, J. K./Eddy, Rh.(eds.), *The Historical Jesus: Five Views*, 2009. 손혜숙 역, 『역사적 예수 논쟁』, 새물결플러스, 2014.
- Berger, K., *Paulus*, München, 2008.
- Borg, M. J., *Jesus in Contemporary Scholarship*, Vally Forge, Pa.: Trinity Press International, 1994.
- Borg, M. J./Crossan, J. D., *The First Paul: Reclaiming the Radical Visionary Behind the Church's Conservative Icon*, 2009. 김준우 역, 『첫 번째 바울의 복음』, 한국기독교연구소, 2010.
- Borg, M. J./Wrigt, N. T., *The Meaning of Jesus*, 1999. 김준우 역, 『예수의 의미』, 한국기독교연구소, 2001.
- Bornkamm, G., *Jesus von Nazareth*, Stuttgart/Berlin/Köln/Mainz, 1983. 강한표 역, 『나사렛 예수』, 대한기독교서회, 2002.
- Bornkamm, G., *Paulus*, 1969. 허혁 역, 『바울: 그의 생애와 사상』, 이화여

자대학교 출판부, 1999.
- Bousset, W., *Kyrios Christos: Geschichte des Christusglaubens von den Anfängen des Christentums bis Irenaeus*, 1913.
- Braun, H., *Jesus - der Mann aus Nazareth und seine Zeit*, Stuttgart, 1984.
- Braun, H., *Jesus*, Stuttgart/Berlin, 1969.
- Buber, M. *Zwei Glaubensweisen*, Zürich, 1950.
- Bultmann, R., "Jesus und Paulus", in: idem, *Exegetica*, Tübingen: Mohr, 1967.
- Bultmann, R., *Das Verhältnis der urchristlichen Christusbotschaft zum historischen Jesus*, SHAW 3, Heidelberg, 1960.
- Bultmann, R., *Jesus*, Tübingen: Mohr, 1926.
- Campbell, C. R., *Paul and Union with Christ*, 2012. 김규섭/장성우 역, 『바울이 본 그리스도와의 연합』, 새물결플러스, 2018.
- Camponovo, O., *Königtum, Königsherrschaft und Reich Gottes in den frühjüdischen Schriften,* Freiburg Schweiz: Vandenhoeck & Ruprecht, Göttingen, 1984.
- Chilton, B., *The Temple of Jesus: His Sacrificial Program within a Cultural History of Sacrifice*, University Park: Pennsylvania State University, 1992.
- Crossan, J. D., *Jesus A Revolutionary Biography*, 1994. 김기철 역, 『예수: 사회적 혁명가의 전기』, 한국기독교연구소, 2007.
- Crossan, J. D., *The Historcal Jesus: The Life of a Mediterranean Jewish Peasant*, 1991. 김준우 역, 『역사적 예수』, 한국기독교연구소, 2000.
- Crossan, J. D., *Who is Jesus?*, 1996. 한인철 역, 『예수는 누구인가』, 한국

기독교연구소, 1998.

- Dietzfelbinger, Ch., *Die Berufung des Paulus als Ursprung seiner Theologie*, Neukirchen-Vluyn, 1989. 조경철 역, 『사도 바울의 회심 사건』, 감신대 출판부, 1996.
- Dunn, J. D. G. *Jesus, Paul and the Gospels*, Grand Rapids, Michigan: Eerdmans, 2011. 이상목 역, 『예수, 바울, 복음: 예수의 선포로부터 바울의 복음까지』, 새물결플러스, 2019.
- Dunn, J. D. G., *Christianity in the Making Vol. 2: Beginning from Jerusalem*, Grand Rapids, Michigan: Eerdmans, 2009. 문현인 역, 『초기교회의 기원(상/하권)』, 새물결플러스, 2019.
- Dunn, J. D. G., *The New Perspective On Paul*, Tübingen: Mohr, 2005. 최현만 역, 『바울에 관한 새 관점』, 에클레시아북스, 2012.
- Dunn, J. D. G. *A New Pespective on Jesus*, Grand Rapids, Michigan, 2005. 신현우 역, 『예수님에 관한 새 관점』, 기독교문서선교회, 2010.
- Dunn, J. D. G., *Christianity in the Making Vol. 1: Jesus Remembered*, Grand Rapids, Michigan: Eerdmans, 2003. 차정식 역, 『예수와 기독교의 기원(상/하권)』, 새물결플러스, 2010/2012.
- Dunn, J. D. G., *The Theology of Paul the Apostle*, Grand Rapids, Michigan: Eerdmans, 1998. 박문재 역, 『바울신학』, 크리스챤 다이제스트, 2003.
- Dunn, J. D. G., "The New Perspective on Paul", in: *Bulletin of the John Rylands University Library of Manchester* 65 (1983), 95-122.
- Ebner, M., *Jesus von Nazaret*, Stuttgart: Kathol, Bibelwerk, 2007.
- Ebner, M., *Jesus – Ein Weisheitslehrer?*, Freiburg/Basel/Wien: Herder, 1998.

- Ernst, J., "War Jesus ein Schüler Johannes' des Täufers?", in: H. Frankennmölle/K. Kertelge(ed.), *Vom Urchristentum zu Jesus*, Freiburg: Herder, 1989.
- Ernst, J., *Anfänge der Christologie*, Stuttgart, 1972.
- Funk, R. W., *Honest to Jesus: Jesus for a New Millenium*, New York: HarperSanFrancisco, 1996. 김준우 역, 『예수에게 솔직히』, 한국기독교연구소, 1999.
- Gnilka, J., *Paulus von Tarsus: Apostel und Zeuge*, Fr. im Breisgau: Herder, 1996. 이종한 역, 『바울로』, 분도출판사, 2008.
- Gnilka, J., *Jesus von Nazaret: Botschaft und Geschichte*, Fr. im Breisgau: Herder, 1993. 정한교 역, 『나자렛 예수』, 분도출판사, 2002.
- Gowler, D. B., *What Are They Saying About the Historical Jesus*, 2007. 김병모 역, 『최근 역사적 예수 연구 동향』, 기독교문서선교회, 2009.
- Hahn, F., *Theologie des Neuen Testaments I & II*, Tübingen: Mohr, 2002. 김문경 etc. 역 『신약성서신학 I』, 대한기독교서회, 2007-2010.
- Hahn, F., *Der urchristliche Gottesdienst*, Stuttgart, 1970. 진연섭 역, 『원시 기독교 예배사』, 대한기독교서회, 1988.
- Hengel, M., *Der vorchristliche Paulus*, Tübingen: Mohr, 1991. 강한표 역, 『그리스도인 이전의 바울』, 한들, 1998.
- Hengel, M., "Zwischen Jesus und Paulus", in: *ZThK 72* (1975), 151-206.
- Hengel, M., *War Jesus Revolutionär?*, Stuttgart: Calwer, 1970.
- Hengel, M./Schwemer, A. M., *Jesus und das Judentum*, Tübingen: Mohr, 2007.
- Hengel, M./Schwemer, A. M., *Der messianische Anspruch und die Anfänge der Christologie*, Tübingen, 2001.

- Hengel, M./Schwemer, A. M.(eds.), *Königsherrschaft Gottes und himmlischer Kult im Judentum, Urchristentum und in der hellenistischen Welt*, Tübingen: Mohr, 1991.
- Horsely, R.(ed.), *Paul and Empire*, 1997. 홍성철 역,『바울과 로마제국』, 기독교문서선교회, 2007.
- Horsely, R., *Jesus and Empire*, 2003. 김준우 역,『예수와 제국』, 한국기독교연구소, 2004.
- Jeremias, J., *Neutestamentliche Theologie I*, Gütersloh: Gerd Mohn, 1973. 정충하 역,『신약신학』, 크리스챤 다이제스트, 2009.
- Jeremias, J., *Jerusalem zur Zeit Jesu*, Göttingen: V.&R., 1969. 한국신학연구소번역실 역,『예수시대의 예루살렘』, 한국신학연구소, 1991.
- Jeremias, J., *Jesus und seine Botschaft*, Stuttgart: Calwer, 1976.
- Jeremias, J., *Abba: Studien zur neutestamentlichen Theologie und Zeitgeschichte*, Göttingen: V.&R, 1966.
- Jüngel, E., *Paulus und Jesus*, Tübingen: Mohr, 1967. 허혁 역,『바울과 예수』, 이화여자대학교 출판부, 1996.
- Käsemann, E., *Perspective on Paul*, 1969; London, 1971.
- Koch, D.-A., *Geschichte des Urchristentums: Ein Lehrbuch*, Göttingen: V.&R, 2013.
- Krieger, K. St., *Was sagte Jesus wirklich*, 김명수 역,『큐복음서: 예수는 실제로 무슨 말씀을 하셨을까?』, 피피엔, 2010.
- Kümmel, W. G., *Verheiβung und Erfüllung: Untersuchungen zur eschatologischen Verkündigung Jesu*, Zürich: Zwingli, 1956. 김명용 역,『약속과 성취』, 한국장로교출판사, 1993.
- Lohfink, G., *Jesus von Nazaret – Was er wollte, wer er war*, Freiburg:

Herder, 2012. 김혁태 역, 『예수 마음 코칭』, 생활성서사, 2015.
- Lohse, E., *Der Brief an die Römer*, Göttingen, 2003.
- Lohse, E., *Paulus: Eine Biographie*, München: C.H. Beck, 1996.
- Maccoby, H., *The Mythmaker: Paul and the Invention of Christianity*, London, 1986.
- Meier, John P., *A Marginal Jew: Rethinking the Historical Jesus*, 4 Vols., New York: Dounleday, 1991-2009.
- Müller, U. B., *Johannes der Täufer: Jüdischer Prophet und Wegbereiter Christi*, Leipzig: Ev. Verlagsanstalt, 2002.
- Neusner, J., "Money-Changers in the Temple: The Mishnah's Explanation", in: *New Testament Studies 35*, 1989, 287-290.
- Perrin, N., *The Kingdom of God in the Teaching of Jesus*, Philadelphia, 1963. 이훈/조호연 역, 『예수의 가르침 속에 나타난 하나님의 나라』, 솔로몬, 1999.
- Perrot, Ch., Jésus Et L' Histoire, 1997. 박상래 역, 『예수와 역사』, 가톨릭출판사, 2012.
- Powell, M. A., *Jesus as Figure in History*, John Knox Press, 1998. 최재덕/김의성 역, 『예수에 대한 다양한 이해』, 대한기독교서회, 2016.
- Reinmuth, E., *Paulus: Gott neu denken*, Leipzig: Ev. Verlagsanstalt, 2004.
- Reiser, M., *Die Gerichtspredigt Jesu. Eine Untersuchung zur eschatologischenVerkündigung Jesu und ihrem frühjüdischen Hintergrund*, Aschendorff, Münster, 1990.
- Rengstorf, K. H.(ed.), *Das Paulusbild in der neueren deutschen Forschung*, Darmstadt: Wissenschaftliche Buchgesellschft, 1982.

- Robinson, J. M., *The Gospel of Jesus: In Search of the Original Good News*, 2005. 소기천/송일 역, 『예수의 복음: 최초의 복음서 찾기』, 대한기독교서회, 2009.
- Roloff, J., *Einführung in das Neue Testament*, München: C.H. Beck, 2004.
- Roloff, J., *Jesus*, München: Beck, 2004.
- Roloff, J., *Das Kerygma und der irdische Jesus*, Göttingen: V.&R., 1970.
- Sanders, E. P., *Paul and Palestinian Judaism*, London: SCM Press, 1977. 박규태 역, 『바울과 팔레스타인 유대교』, 알맹e, 2018.
- Sanders, E. P., *Paul: The Apostle's Life, Letters, and Thought*, Minneapolis: Fortress, 2015.
- Sanders, E. P., *Jesus and Judaism*, Fortress Press, 1985. 황종구 역, 『예수와 유대교』, 크리스챤 다이제스트, 2008.
- Sanders, E. P., *Saint Paul*, 1991. 이영립 역, 『바울』, 시공사, 1999.
- Sanders, E. P., *Paul, the Law, and the Jewish People*, 1983. 김진영 역, 『바울, 율법, 유대인』, 크리스챤다이제스트, 1998.
- Sanders, E. P., *Judaism: Practice and Belief 63BCE-66CE,* London: SCM Press, 1994.
- Sanders, E. P., *The Historical Figure of Jesus,* New York: Penguin, 1993.
- Schenke, L., *Die Urgemeinde*, Stuttgart/Berlin/Köln: Kohlhammer, 1990.
- Schlier, H., *Jesu Abendmahlshandlung als Zeichen für die Welt*, Leipzig: Benno, 1970.
- Schnelle, U., Die ersten 100 Jahre des Christentums 30-130 n.Chr.: Die Entstehungsgeschichte einer Weltreligion, Göttingen: V.&R., 2015.
- Schnelle, U., *Paulus: Leben und Denken*, Berlin/New York: de Gruyter,

2003.
- Schröter, J., *Jesus von Nazaret*, Leipzig: Ev. Verlagsanstalt, 2010.
- Schröter, J., *Erinnerung an Jesu Worte,* Neukirchen-Vluyn: Neukirchener Verlag, 1997.
- Schröter, J./Brucker, R.(eds.), *Der historische Jesus: Tendenzen und Perspektiven der gegenwärtigen Forschung,* Berlin/New York: de Gruyter, 2002.
- Schröter, J./Jacobi, Chr.(eds.), *Jesus Handbuch*, Tübingen: Mohr, 2017.
- Schweitzer, A., *Mystik des Apostels Paulus,* Tübingen, 1930. 조남홍 역, 『사도 바울의 신비주의』, 한들출판사, 2012.
- Schweitzer, A., *Geschichte der Leben-Jesu-Forschung,* Tübingen: Mohr, 1951. 허혁 역, 『예수의 생애 연구사』, 대한기독교출판사, 1995.
- Segal, A., *Paul the Convert: The Apostolate and Apostasy of Saul the Pharisee*, New Haven: Yale University Press, 1990.
- Stegemann, E. W./Stegemann, W., *Urchristliche Sozialgeschichte*, Stuttgart, 1997. 손성현/김판임 역, 『초기 그리스도교의 사회사』, 동연, 2009.
- Stegemann, H., *Die Essener, Qumran, Johannes der Täufer und Jesus*, Freiburg/basel/Wien, 1999.
- Stegemann, W., "War der Apostel Paulus ein römischer Bürger?", in: *ZNW 78*, 1987, 200-229.
- Stegemann, W./Malina, B. J./Theissen, G.,(eds.), *Jesus in Kontexten,* Stuttgart: Kohlhammer, 2002.
- Stendahl, K., *Paul among Jews and Gentiles*, 1976. 강혜란 역, 『유대인과 이방인의 사도 바울』, 순신대학교출판부, 1995.

- Strotmann, A., *Der historische Jesus: eine Einführung*, Paderborn: Schöningh, 2012.
- Theissen, G., *Die Entstehung des Neuen Testaments als literaturgeschichtliches Problem*, Heidelberg: Winter, 2011.
- Theissen, G., *Gospel Writing and Church Politics*, Hong Kong, 2001. 류호성/김학철 역,『복음서의 교회정치학』, 대한기독교서회, 2011.
- Theissen, G., *Die Religion der ersten Christen*, Gütersloh: Kaiser, 2000. 박찬웅, 민경식 역,『기독교의 탄생』, 대한기독교서회, 2009.
- Theissen, G., *Das Neue Testament*, München, 2002. 노태성 역,『그리스도인 교양을 위한 신약성서』, 다산글방, 2005.
- Theissen, G., *Studien zur Soziologie de Urchristentums*, Tübingen: Mohr, 1983. 김명수 역,『원시그리스도교에 대한 사회학적 연구』, 대한기독교출판사, 1986.
- Theissen, G./Merz, A., *Der historische Jesus: Ein Lehrbuch*, Göttingen 1997. 손성현 역,『역사적 예수』, 다산글방, 2001.
- Theissen, G./von Gemünden, P., *Der Römerbrief: Rechenschaft eines Reformators*, Göttingen: V.&R., 2016.
- Vermes, G., *The Religion of Jesus the Jew*, 1993. 노진준 역,『유대인 예수의 종교』, 은성, 1995.
- Waters, G. P., *Justification and the New Perspective on Paul*, 2004. 배종열 역,『바울에 관한 새 관점』, 개혁주의신학사, 2012.
- Wenham, D., *Paul and Jesus: The True Story*, 2002. 이한수 역,『바울과 예수』, 크리스챤출판사, 2004.
- Wenham, D., *Paul: Follower of Jesus or Founder of Christianity*, 1995. 박문재 역,『바울: 예수의 추종자인가 기독교의 창시자인가?』, 크리스챤

다이제스트, 2002.

- Wolter, M., *Der Brief an die Römer*, 2 Vols., (EKK VI/1; VI/2), Neukirchen-Vluyn: Patmos, 2014; 2019.
- Wolter, M., *Paulus: Ein Grundriss seiner Theologie*, Neukirchen-Vluyn, 2011.
- Wrede, W., *Paulus*, Halle 1904.
- Wright, N. T., "Paul's Gospel and Caesar's Empire", in: R. A. Horsley(ed.), *Paul and Politics*, Harrisburg: Clark, 2000, 160-183.
- Zeller, D., *Der erste Brief an die Korinther*, Göttingen, 2010.
- 김진호 편, 『예수 르네상스: 역사의 예수연구의 새로운 지평』, 한국신학연구소, 2000.
- 김창선, 『역사적 성서해석과 신학적 성서해석』, 교육과학사, 2016.
- 김창선, 『독일학계의 최신 연구를 반영한 신약성경해설』, 한국성서학연구소, 2013.
- 김창선, 『공관복음서의 예수』, 비블리카 아카데미아, 2012.
- 김창선, 『유대교와 헬레니즘』, 한국성서학연구소, 2011.
- 김창선, 『복음의 진리를 위한 사도 바울의 투쟁』, 한국성서학연구소, 2007.
- 김창선, 『쿰란문서와 유대교』, 한국성서학연구소, 2007(개정증보판).
- 김창선, 『21세기 신약성서신학』, 예영커뮤니케이션, 2004.
- 장흥길 편, 『성서적 신학의 관점에서 바라본 신약 신학의 주요 주제』, 한국성서학연구소, 2012.

하나님나라 선포에서 그리스도 선포로
역사적 예수와 바울

1판 1쇄 인쇄 _ 2021년 5월 20일
1판 1쇄 발행 _ 2021년 5월 31일

지은이 _ 김창선
펴낸이 _ 이형규
펴낸곳 _ 쿰란출판사

주소 _ 서울특별시 종로구 이화장길 6
편집부 _ 745-1007, 745-1301~2, 747-1212, 743-1300
영업부 _ 747-1004, FAX 745-8490
본사평생전화번호 _ 0502-756-1004
홈페이지 _ http://www.qumran.co.kr
E-mail _ qrbooks@daum.net / qrbooks@gmail.com
한글인터넷주소 _ 쿰란, 쿰란출판사
페이스북 _ www.facebook.com/qumranpeople
인스타그램 _ www.instagram.com/qrbooks
등록 _ 제1-670호(1988.2.27)
책임교열 _ 박은아 · 최진희

ⓒ 김창선 2021 ISBN 979-11-6143-551-0 93230

책값은 뒤표지에 있습니다.
· 이 출판물은 저작권법에 의해 보호를 받는 저작물이므로 무단 복제할 수 없습니다.
· 파본(破本)은 구입처에서 교환해 드립니다.